中国旅游统计年鉴
（副本）

THE YEARBOOK OF CHINA TOURISM STATISTICS(SUPPLEMENT)
2012

中华人民共和国国家旅游局
NATIONAL TOURISM ADMINISTRATION OF
THE PEOPLE'S REPUBLIC OF CHINA

中国旅游出版社

中国旅游统计年鉴编辑委员会

LIST OF EDITORIAL BOARD OF THE YEARBOOK OF CHINA TOURISM STATISTICS

编 者 说 明

《中国旅游统计年鉴（副本）2012》是反映2011年我国旅游业供给要素诸方面情况的资料性年刊。主要内容有，上篇：全国旅游企业综合资料，包括各省、自治区、直辖市和主要城市旅游企业的主要经济指标；下篇：全国星级饭店综合资料。

作为《中国旅游统计年鉴》的重要补充，本书是了解、研究我国旅游生产力的规模、布局、结构以及旅游企业经济效益等方面情况的重要参考资料，翔实的旅游饭店的统计资料，对于研究旅游饭店业在我国旅游业跨世纪发展中的地位、作用及自身发展轨迹更具有重要的参考价值。本书可供旅游部门、国民经济各有关部门、教学科研单位以及经济工作者和大专院校师生使用。

本书资料来源于全国各省、自治区、直辖市旅游局每年进行的定期报表统计，统计口径与国家旅游局和国家统计局联合制定的《旅游统计调查制度》规定的口径一致。

全国统计数据均未包括我国香港特别行政区、澳门特别行政区和台湾省的数字。

本书中有“#”号者表示为该栏的主要项或其中项；有“—”号者表示该项数据不详或无可比性。

中国旅游统计年鉴编委会

二〇一二年十一月

目　　录

上篇　全国旅游企业综合资料

下篇　全国星级饭店综合资料

上　　篇

全国旅游企业综合资料

一、全国旅游企业综合资料

1-1 全国旅游企业

	固定资产原价（万元）	营业收入（万元）	利润（万元）	营业税金及附加（万元）
合计	**63 293 453.69**	**55 388 700.11**	**1 160 662.14**	**1 758 510.72**
（一）旅行社	8 179 402.70	28 717 667.20	221 084.28	130 616.23
（二）星级饭店	45 871 264.65	23 148 244.44	614 344.70	1 478 395.89
内资饭店	38 181 959.51	19 773 650.62	223 880.69	1 270 068.05
外资饭店	7 689 305.15	3 374 593.82	390 464.01	208 327.84
（三）旅游景区	9 242 786.34	3 522 788.47	325 233.16	149 498.60

主要经济指标（按行业分）

利润率（%）	全员劳动生产率（万元／人）	人均实现利润（万元／人）	人均固定资产原价（万元／人）	从业人员（人）	企业数（家）
2.10	**27.10**	**0.57**	**30.97**	**2 044 000**	**37 133**
0.77	95.80	0.74	27.29	299 755	23 690
2.65	15.00	0.40	29.73	1 542 751	11 676
1.13	14.19	0.16	27.39	1 393 930	11 184
11.57	22.68	2.62	51.67	148 821	492
12.57	17.48	1.61	45.87	201 494	1 767

1-2 全国旅行社

	固定资产原价（万元）	营业收入（万元）	利润（万元）	营业税金及附加（万元）
总计	**8 179 402.70**	**28 717 667.20**	**221 084.28**	**130 616.23**
北京	1 385 300.40	3 940 196.61	22 080.22	15 475.63
天津	123 244.50	243 062.39	1 149.28	2 604.80
河北	112 479.80	308 762.29	1 742.51	1 458.11
山西	107 661.30	261 272.97	–240.66	909.46
内蒙古	104 681.70	192 764.48	2 467.59	1 473.19
辽宁	148 375.80	596 060.29	7 574.95	2 277.81
吉林	78 836.70	101 409.18	542.09	579.19
黑龙江	120 039.50	191 908.60	3 224.02	1 781.09
上海	923 526.00	3 761 378.96	16 145.79	13 164.50
江苏	521 875.40	2 230 230.64	27 498.12	9 829.98
浙江	566 820.10	2 369 122.53	16 734.63	10 607.56
安徽	158 587.10	536 616.31	7 043.49	3 809.02
福建	283 002.30	1 087 069.62	6 614.14	4 656.34
江西	107 621.40	427 304.94	2 923.75	2 443.96
山东	381 279.10	1 303 331.77	24 395.04	6 755.67
河南	162 590.70	327 260.99	2 430.15	2 470.41
湖北	234 614.70	721 266.89	6 424.04	4 318.32
湖南	158 858.50	1 296 459.57	16 360.46	5 902.56
广东	1 084 296.00	4 490 275.75	22 703.91	24 116.96
广西	121 132.50	441 557.38	705.35	1 442.04
海南	167 580.90	420 313.43	–328.44	1 129.55
重庆	146 432.70	758 266.32	3 875.15	2 558.11
四川	174 343.90	692 189.35	20 446.38	3 209.46
贵州	65 634.30	160 402.68	–46.04	429.85
云南	239 882.30	930 520.52	3 712.54	3 055.00
西藏	69 331.80	39 299.15	678.86	317.03
陕西	126 742.30	478 199.27	1 481.41	1 484.30
甘肃	86 643.90	114 979.76	1 019.87	733.31
青海	55 268.80	45 166.04	–155.52	326.31
宁夏	42 654.40	60 958.46	554.20	246.87
新疆	120 063.90	190 060.06	1 327.00	1 049.84

主要经济指标（按地区分）

利润率 （%）	全员劳动生产率 （万元／人）	人均实现利润 （万元／人）	人均固定资产原价 （万元／人）	从业人员 （人）	企业数 （家）
0.77	**95.80**	**0.74**	**27.29**	**299 755**	**23 690**
0.56	188.22	1.05	66.17	20 934	1 032
0.47	55.09	0.26	27.93	4 412	332
0.56	41.79	0.24	15.22	7 388	1 156
–0.09	36.89	–0.03	15.20	7 083	762
1.28	39.58	0.51	21.50	4 870	696
1.27	87.26	1.11	21.72	6 831	1 116
0.53	34.26	0.18	26.63	2 960	500
1.68	45.89	0.77	28.70	4 182	629
0.43	184.83	0.79	45.38	20 351	1 010
1.23	113.55	1.40	26.57	19 641	1 891
0.71	98.33	0.69	23.53	24 094	1 760
1.31	58.22	0.76	17.21	9 217	969
0.61	87.68	0.53	22.83	12 398	702
0.68	62.40	0.43	15.72	6 848	709
1.87	72.33	1.35	21.16	18 020	1 865
0.74	35.81	0.27	17.79	9 139	1 098
0.89	55.07	0.49	17.91	13 098	1 000
1.26	96.50	1.22	11.82	13 435	713
0.51	126.82	0.64	30.62	35 408	1 376
0.16	62.94	0.10	17.27	7 016	459
–0.08	80.27	–0.06	32.01	5 236	295
0.51	111.81	0.57	21.59	6 782	375
2.95	97.55	2.88	24.57	7 096	629
–0.03	67.37	–0.02	27.57	2 381	253
0.40	69.08	0.28	17.81	13 470	587
1.73	30.09	0.52	53.09	1 306	97
0.31	70.65	0.22	18.72	6 769	607
0.89	27.18	0.24	20.48	4 231	381
–0.34	33.33	–0.11	40.79	1 355	209
0.91	67.73	0.62	47.39	900	107
0.70	65.45	0.46	41.34	2 904	375

1-3 全国星级饭店

	固定资产原价（万元）	营业收入（万元）	利润（万元）	营业税金及附加（万元）
总计	**45 871 264.65**	**23 148 244.44**	**614 344.70**	**1 478 395.89**
北京	5 968 018.30	2 629 386.00	160 594.30	141 738.00
天津	424 634.30	260 395.38	−22 299.17	14 589.73
河北	1 568 590.22	701 236.48	−43 241.18	77 405.61
山西	945 417.69	491 489.29	−28 753.32	27 310.24
内蒙古	618 964.80	305 866.97	−5 778.45	16 009.56
辽宁	1 934 751.09	728 990.91	−12 612.34	39 607.21
吉林	732 628.96	279 510.02	−15 898.33	15 095.96
黑龙江	584 022.78	222 432.90	8 325.96	11 516.33
上海	3 683 909.13	1 653 999.12	132 636.54	90 021.96
江苏	2 924 764.64	1 794 858.69	−4 607.12	97 159.83
浙江	3 124 044.72	2 232 738.52	71 908.82	121 901.76
安徽	1 046 196.83	526 657.67	13 014.69	32 695.24
福建	1 256 125.81	884 461.49	52 852.81	52 031.06
江西	615 566.10	324 455.82	6 153.06	17 151.64
山东	3 269 404.91	1 634 194.79	10 435.15	83 820.98
河南	834 645.26	456 821.20	−20 062.43	25 025.19
湖北	980 885.07	488 074.99	−8 380.38	26 853.21
湖南	1 473 131.24	768 583.61	25 592.92	38 418.42
广东	4 592 444.15	2 619 945.16	129 339.88	315 617.46
广西	871 524.66	435 354.72	871.63	24 393.36
海南	965 437.78	381 841.24	82 061.44	20 861.72
重庆	896 004.48	468 737.48	9 649.85	25 355.33
四川	1 633 677.31	772 088.39	30 654.68	43 620.89
贵州	350 914.85	214 406.40	9 358.87	14 563.51
云南	1 214 276.93	402 461.26	20 579.88	26 452.52
西藏	207 916.96	41 390.89	1 438.45	2 262.30
陕西	1 043 700.11	540 228.35	14 489.00	29 351.14
甘肃	519 585.90	230 721.79	1 846.82	11 703.76
青海	185 390.97	77 704.16	1 798.11	4 196.31
宁夏	265 862.62	94 325.91	−5 648.99	4 558.17
新疆	1 138 826.09	484 884.84	−1 976.48	27 107.51

主要经济指标（按地区分）

利润率（%）	全员劳动生产率（万元／人）	人均实现利润（万元／人）	人均固定资产原价（万元／人）	从业人员（人）	企业数（家）
2.65	**15.00**	**0.40**	**29.73**	**1 542 751**	**11 676**
6.11	22.31	1.36	50.63	117 872	565
−8.56	13.58	−1.16	22.15	19 170	100
−6.17	11.21	−0.69	25.08	62 544	395
−5.85	9.71	−0.57	18.67	50 636	301
−1.89	12.27	−0.23	24.84	24 923	227
−1.73	12.96	−0.22	34.40	56 245	409
−5.69	11.51	−0.65	30.18	24 275	198
3.74	9.91	0.37	26.01	22 455	244
8.02	26.10	2.09	58.12	63 381	277
−0.26	16.95	−0.04	27.63	105 868	723
3.22	25.04	0.81	35.04	89 162	844
2.47	12.24	0.30	24.31	43 033	390
5.98	14.35	0.86	20.38	61 643	377
1.90	9.98	0.19	18.93	32 517	336
0.64	13.94	0.09	27.89	117 218	869
−4.39	9.69	−0.43	17.71	47 139	343
−1.72	11.83	−0.20	23.78	41 242	410
3.33	12.77	0.43	24.47	60 190	454
4.94	15.90	0.78	27.86	164 812	959
0.20	12.12	0.02	24.26	35 931	317
21.49	16.80	3.61	42.48	22 729	153
2.06	12.93	0.27	24.71	36 258	239
3.97	14.30	0.57	30.26	53 980	420
4.37	10.20	0.45	16.69	21 027	289
5.11	9.96	0.51	30.04	40 419	563
3.48	8.77	0.30	44.08	4 717	85
2.68	11.80	0.32	22.80	45 778	302
0.80	9.00	0.07	20.28	25 623	296
2.31	10.73	0.25	25.59	7 245	96
−5.99	10.82	−0.65	30.51	8 714	66
−0.41	13.47	−0.05	31.63	36 005	429

1-4　全国内资星级饭店

	固定资产原价（万元）	营业收入（万元）	利润（万元）	营业税金及附加（万元）
总计	**38 181 959.51**	**19 773 650.62**	**223 880.69**	**1 270 068.05**
北京	3 982 287.30	1 798 240.10	42 057.80	97 853.80
天津	424 267.80	258 261.58	−22 152.57	14 475.03
河北	1 481 150.60	680 635.95	−39 746.45	76 233.69
山西	935 558.87	482 555.59	−28 708.93	26 809.16
内蒙古	510 401.30	276 454.87	−8 013.25	14 430.46
辽宁	1 145 789.29	508 378.09	−22 508.17	26 747.99
吉林	652 829.76	250 884.42	−19 438.53	13 616.76
黑龙江	533 852.00	198 679.46	3 302.16	10 249.28
上海	3 475 571.73	1 468 328.72	97 420.65	79 639.23
江苏	2 634 765.52	1 597 947.33	−16 125.91	86 363.87
浙江	2 601 226.39	1 997 249.58	40 703.13	108 835.64
安徽	958 807.93	494 454.06	7 879.28	30 955.94
福建	889 662.09	647 090.50	31 616.72	38 407.01
江西	588 137.89	306 373.44	8 049.76	16 226.35
山东	2 920 215.50	1 518 476.12	9 185.58	77 979.14
河南	752 246.96	405 268.19	−18 293.95	22 655.19
湖北	847 034.12	411 786.89	−11 871.80	22 750.15
湖南	1 395 448.28	738 329.49	25 739.19	36 764.62
广东	3 276 426.43	2 023 914.71	67 907.63	257 513.62
广西	648 625.01	369 528.93	−97.89	20 897.56
海南	686 114.71	219 105.97	21 349.49	11 951.26
重庆	671 025.83	404 869.94	6 605.99	22 038.98
四川	1 625 862.31	770 228.09	30 546.78	43 516.79
贵州	341 420.05	209 990.90	9 471.97	14 307.61
云南	1 149 149.59	378 479.16	14 583.90	25 231.94
西藏	205 468.52	41 261.90	1 398.88	2 257.19
陕西	860 379.41	460 498.05	−1 015.14	25 509.04
甘肃	480 042.73	222 744.82	1 265.12	11 265.19
青海	180 892.57	73 870.72	1 583.63	3 981.46
宁夏	262 974.62	91 892.91	−5 663.99	4 443.17
新疆	1 064 324.38	467 870.15	−3 150.38	26 160.94

主要经济指标（按地区分）

利润率（%）	全员劳动生产率（万元／人）	人均实现利润（万元／人）	人均固定资产原价（万元／人）	从业人员（人）	企业数（家）
1.13	**14.19**	**0.16**	**27.39**	**1 393 930**	**11 184**
2.34	19.16	0.45	42.43	93 852	516
–8.58	13.59	–1.17	22.32	19 010	99
–5.84	11.20	–0.65	24.37	60 773	388
–5.95	9.68	–0.58	18.76	49 874	298
–2.90	11.66	–0.34	21.52	23 714	225
–4.43	11.31	–0.50	25.49	44 943	364
–7.75	10.86	–0.84	28.26	23 098	195
1.66	9.11	0.15	24.47	21 817	241
6.63	25.47	1.69	60.28	57 658	260
–1.01	16.53	–0.17	27.26	96 663	691
2.04	24.82	0.51	32.32	80 485	816
1.59	12.11	0.19	23.49	40 826	380
4.89	13.17	0.64	18.11	49 139	331
2.63	9.80	0.26	18.81	31 270	326
0.60	13.73	0.08	26.41	110 573	844
–4.51	9.23	–0.42	17.13	43 907	335
–2.88	11.10	–0.32	22.83	37 109	395
3.49	12.91	0.45	24.41	57 176	439
3.36	15.04	0.50	24.35	134 574	856
–0.03	11.54	0.00	20.26	32 021	305
9.74	13.19	1.28	41.29	16 615	137
1.63	12.18	0.20	20.18	33 252	233
3.97	14.34	0.57	30.26	53 723	419
4.51	10.13	0.46	16.47	20 733	287
3.85	9.79	0.38	29.73	38 647	549
3.39	8.84	0.30	44.01	4 669	83
–0.22	10.91	–0.02	20.39	42 192	292
0.57	8.84	0.05	19.04	25 210	294
2.14	10.70	0.23	26.20	6 905	95
–6.16	10.84	–0.67	31.01	8 480	65
–0.67	13.36	–0.09	30.39	35 022	426

1-5 全国外资星级饭店

	固定资产原价（万元）	营业收入（万元）	利润（万元）	营业税金及附加（万元）
总计	**7 689 305.15**	**3 374 593.82**	**390 464.01**	**208 327.84**
北京	1 985 731.00	831 145.90	118 536.50	43 884.20
天津	366.50	2 133.80	-146.60	114.70
河北	87 439.61	20 600.53	-3 494.73	1 171.92
山西	9 858.83	8 933.70	-44.39	501.08
内蒙古	108 563.50	29 412.10	2 234.80	1 579.10
辽宁	788 961.80	220 612.82	9 895.83	12 859.22
吉林	79 799.20	28 625.60	3 540.20	1 479.20
黑龙江	50 170.78	23 753.44	5 023.81	1 267.05
上海	208 337.40	185 670.40	35 215.89	10 382.73
江苏	289 999.12	196 911.36	11 518.79	10 795.96
浙江	522 818.33	235 488.94	31 205.69	13 066.12
安徽	87 388.89	32 203.61	5 135.41	1 739.30
福建	366 463.72	237 370.99	21 236.09	13 624.05
江西	27 428.21	18 082.38	-1 896.70	925.29
山东	349 189.41	115 718.67	1 249.57	5 841.84
河南	82 398.29	51 553.00	-1 768.48	2 370.00
湖北	133 850.95	76 288.10	3 491.42	4 103.05
湖南	77 682.96	30 254.11	-146.26	1 653.80
广东	1 316 017.72	596 030.46	61 432.25	58 103.84
广西	222 899.65	65 825.80	969.53	3 495.80
海南	279 323.07	162 735.27	60 711.95	8 910.46
重庆	224 978.65	63 867.54	3 043.86	3 316.35
四川	7 815.00	1 860.30	107.90	104.10
贵州	9 494.80	4 415.50	-113.10	255.90
云南	65 127.33	23 982.10	5 995.98	1 220.58
西藏	2 448.44	128.99	39.57	5.11
陕西	183 320.70	79 730.30	15 504.15	3 842.09
甘肃	39 543.17	7 976.97	581.70	438.57
青海	4 498.39	3 833.45	214.48	214.85
宁夏	2 888.00	2 433.00	15.00	115.00
新疆	74 501.71	17 014.69	1 173.90	946.57

主要经济指标（按地区分）

利润率（%）	全员劳动生产率（万元／人）	人均实现利润（万元／人）	人均固定资产原价（万元／人）	从业人员（人）	企业数（家）
11.57	**22.68**	**2.62**	**51.67**	**148 821**	**492**
14.26	34.60	4.93	82.67	24 020	49
–6.87	13.34	–0.92	2.29	160	1
–16.96	11.63	–1.97	49.37	1 771	7
–0.50	11.72	–0.06	12.94	762	3
7.60	24.33	1.85	89.80	1 209	2
4.49	19.52	0.88	69.81	11 302	45
12.37	24.32	3.01	67.80	1 177	3
21.15	37.23	7.87	78.64	638	3
18.97	32.44	6.15	36.40	5 723	17
5.85	21.39	1.25	31.50	9 205	32
13.25	27.14	3.60	60.25	8 677	28
15.95	14.59	2.33	39.60	2 207	10
8.95	18.98	1.70	29.31	12 504	46
–10.49	14.50	–1.52	22.00	1 247	10
1.08	17.41	0.19	52.55	6 645	25
–3.43	15.95	–0.55	25.49	3 232	8
4.58	18.46	0.84	32.39	4 133	15
–0.48	10.04	–0.05	25.77	3 014	15
10.31	19.71	2.03	43.52	30 238	103
1.47	16.84	0.25	57.01	3 910	12
37.31	26.62	9.93	45.69	6 114	16
4.77	21.25	1.01	74.84	3 006	6
5.80	7.24	0.42	30.41	257	1
–2.56	15.02	–0.38	32.30	294	2
25.00	13.53	3.38	36.75	1 772	14
30.68	2.69	0.82	51.01	48	2
19.45	22.23	4.32	51.12	3 586	10
7.29	19.31	1.41	95.75	413	2
5.60	11.27	0.63	13.23	340	1
0.62	10.40	0.06	12.34	234	1
6.90	17.31	1.19	75.79	983	3

1-6 全国旅游景区

	固定资产原价（万元）	营业收入（万元）	利润（万元）	营业税金及附加（万元）
总计	**9 242 786.34**	**3 522 788.47**	**325 233.16**	**149 498.60**
北京	694 252.30	145 249.01	–9 312.21	5 497.63
天津	93 529.67	48 712.37	970.79	1 773.13
河北	420 342.74	182 226.87	12 304.91	12 441.02
山西	121 809.74	29 465.03	–6 994.85	660.32
内蒙古	206 819.12	70 313.07	–442.97	2 664.62
辽宁	46 573.27	25 665.30	5 133.22	1 021.48
吉林	87 827.16	20 389.30	–1 378.78	773.40
黑龙江	137 426.27	38 367.81	1 860.68	805.29
上海	563 007.44	194 762.30	14 145.16	6 445.42
江苏	1 195 000.60	316 051.65	–29 691.25	11 450.62
浙江	1 110 975.21	385 976.92	67 617.83	14 854.54
安徽	139 769.02	79 562.75	13 423.89	2 345.08
福建	151 897.69	155 378.95	48 208.68	4 702.67
江西	85 528.05	54 961.66	18 683.06	2 468.58
山东	327 733.29	116 995.67	12 532.31	4 055.73
河南	482 005.32	222 108.33	17 019.77	11 598.49
湖北	243 794.62	104 565.58	10 067.86	4 044.23
湖南	257 226.70	118 180.87	16 225.85	4 910.55
广东	1 160 675.37	476 345.50	68 713.44	23 922.16
广西	143 982.03	66 195.55	7 395.39	3 523.77
海南	70 386.55	29 081.60	6 423.97	1 472.10
重庆	230 124.00	86 713.67	–3 845.71	3 751.13
四川	464 763.52	218 624.03	27 974.87	10 158.14
贵州	62 415.21	42 214.14	3 826.13	2 180.48
云南	348 426.04	135 897.97	21 290.93	4 744.75
西藏	—	—	—	—
陕西	154 529.19	48 692.17	–15 564.40	1 892.56
甘肃	56 684.68	30 949.00	2 616.17	1 716.37
青海	9 851.28	638.43	–525.11	22.13
宁夏	123 149.90	49 509.86	10 859.58	2 005.53
新疆	52 280.36	28 993.11	5 693.95	1 596.68

主要经济指标（按地区分）

利润率（%）	全员劳动生产率（万元／人）	人均实现利润（万元／人）	人均固定资产原价（万元／人）	从业人员（人）	企业数（家）
9.23	**17.48**	**1.61**	**45.87**	**201 494**	**1 767**
–6.41	21.81	–1.40	104.24	6 660	61
1.99	40.43	0.81	77.62	1 205	10
6.75	18.76	1.27	43.29	9 711	69
–23.74	8.53	–2.03	35.28	3 453	40
–0.63	10.87	–0.07	31.96	6 471	100
20.00	14.75	2.95	26.77	1 740	13
–6.76	11.14	–0.75	47.97	1 831	25
4.85	10.36	0.50	37.10	3 704	41
7.26	26.41	1.92	76.35	7 374	55
–9.39	21.58	–2.03	81.60	14 645	120
17.52	20.10	3.52	57.85	19 203	149
16.87	22.16	3.74	38.93	3 590	53
31.03	24.81	7.70	24.26	6 262	46
33.99	22.66	7.70	35.25	2 426	25
10.71	15.02	1.61	42.08	7 788	79
7.66	16.00	1.23	34.71	13 886	128
9.63	12.41	1.19	28.93	8 427	118
13.73	16.91	2.32	36.80	6 990	64
14.43	18.10	2.61	44.10	26 319	119
11.17	9.55	1.07	20.78	6 929	66
22.09	10.41	2.30	25.19	2 794	12
–4.43	12.18	–0.54	32.32	7 120	60
12.80	22.59	2.89	48.01	9 680	71
9.06	9.87	0.90	14.60	4 275	29
15.67	15.46	2.42	39.64	8 790	69
—	—	—	—	—	—
–31.96	0.78	–3.44	34.11	4 530	49
8.45	13.04	1.83	39.75	1 426	28
–82.25	1.61	–3.72	69.87	141	4
21.93	10.25	4.21	47.70	2 582	18
19.64	10.11	3.69	33.90	1 542	46

二、分地区旅游企业资料

2-1 北京市旅游

	固定资产原价（万元）	营业收入（万元）	利润（万元）	营业税金及附加（万元）
合计	**8 047 571.00**	**6 714 831.62**	**173 362.31**	**162 711.26**
（一）旅行社	1 385 300.40	3 940 196.61	22 080.22	15 475.63
（二）星级饭店	5 968 018.30	2 629 386.00	160 594.30	141 738.00
内资饭店	3 982 287.30	1 798 240.10	42 057.80	97 853.80
外资饭店	1 985 731.00	831 145.90	118 536.50	43 884.20
（三）旅游景区	694 252.30	145 249.01	−9 312.21	5 497.63

2-2 天津市旅游

	固定资产原价（万元）	营业收入（万元）	利润（万元）	营业税金及附加（万元）
合计	**641 408.47**	**552 170.14**	**−20 179.10**	**18 967.66**
（一）旅行社	123 244.50	243 062.39	1 149.28	2 604.80
（二）星级饭店	424 634.30	260 395.38	−22 299.17	14 589.73
内资饭店	424 267.80	258 261.58	−22 152.57	14 475.03
外资饭店	366.50	2 133.80	−146.60	114.70
（三）旅游景区	93 529.67	48 712.37	970.79	1 773.13

企业主要经济指标

利润率 （%）	全员劳动生产率 （万元／人）	人均实现利润 （万元／人）	人均固定资产原价 （万元／人）	从业人员 （人）	企业数 （家）
2.58	**46.16**	**1.19**	**55.32**	**145 466**	**1 658**
0.56	188.22	1.05	66.17	20 934	1 032
6.11	22.31	1.36	50.63	117 872	565
2.34	19.16	0.45	42.43	93 852	516
14.26	34.60	4.93	82.67	24 020	49
–6.41	21.81	–1.40	104.24	6 660	61

企业主要经济指标

利润率 （%）	全员劳动生产率 （万元／人）	人均实现利润 （万元／人）	人均固定资产原价 （万元／人）	从业人员 （人）	企业数 （家）
–3.65	**22.28**	**–0.81**	**25.88**	**24 787**	**442**
0.47	55.09	0.26	27.93	4 412	332
–8.56	13.58	–1.16	22.15	19 170	100
–8.58	13.59	–1.17	22.32	19 010	99
–6.87	13.34	–0.92	2.29	160	1
1.99	40.43	0.81	77.62	1 205	10

2–3 河北省旅游

	固定资产原价（万元）	营业收入（万元）	利润（万元）	营业税金及附加（万元）
合计	**2 101 412.76**	**1 192 225.64**	**–29 193.76**	**91 304.74**
（一）旅行社	112 479.80	308 762.29	1 742.51	1 458.11
（二）星级饭店	1 568 590.22	701 236.48	–43 241.18	77 405.61
内资饭店	1 481 150.60	680 635.95	–39 746.45	76 233.69
外资饭店	87 439.61	20 600.53	–3 494.73	1 171.92
（三）旅游景区	420 342.74	182 226.87	12 304.91	12 441.02

2–4 山西省旅游

	固定资产原价（万元）	营业收入（万元）	利润（万元）	营业税金及附加（万元）
合计	**1 174 888.73**	**782 227.29**	**–35 988.83**	**28 880.02**
（一）旅行社	107 661.30	261 272.97	–240.66	909.46
（二）星级饭店	945 417.69	491 489.29	–28 753.32	27 310.24
内资饭店	935 558.87	482 555.59	–28 708.93	26 809.16
外资饭店	9 858.83	8 933.70	–44.39	501.08
（三）旅游景区	121 809.74	29 465.03	–6 994.85	660.32

企业主要经济指标

利润率（%）	全员劳动生产率（万元／人）	人均实现利润（万元／人）	人均固定资产原价（万元／人）	从业人员（人）	企业数（家）
−2.45	**14.97**	**−0.37**	**26.39**	**79 643**	**1 620**
0.56	41.79	0.24	15.22	7 388	1 156
−6.17	11.21	−0.69	25.08	62 544	395
−5.84	11.20	−0.65	24.37	60 773	388
−16.96	11.63	−1.97	49.37	1 771	7
6.75	18.76	1.27	43.29	9 711	69

企业主要经济指标

利润率（%）	全员劳动生产率（万元／人）	人均实现利润（万元／人）	人均固定资产原价（万元／人）	从业人员（人）	企业数（家）
−4.60	**12.79**	**−0.59**	**19.21**	**61 172**	**1 103**
−0.09	36.89	−0.03	15.20	7 083	762
−5.85	9.71	−0.57	18.67	50 636	301
−5.95	9.68	−0.58	18.76	49 874	298
−0.50	11.72	−0.06	12.94	762	3
−23.74	8.53	−2.03	35.28	3 453	40

2-5 内蒙古自治区旅游

	固定资产原价（万元）	营业收入（万元）	利润（万元）	营业税金及附加（万元）
合计	**930 465.62**	**568 944.52**	**-3 753.83**	**20 147.37**
（一）旅行社	104 681.70	192 764.48	2 467.59	1 473.19
（二）星级饭店	618 964.80	305 866.97	-5 778.45	16 009.56
内资饭店	510 401.30	276 454.87	-8 013.25	14 430.46
外资饭店	108 563.50	29 412.10	2 234.80	1 579.10
（三）旅游景区	206 819.12	70 313.07	-442.97	2 664.62

2-6 辽宁省旅游

	固定资产原价（万元）	营业收入（万元）	利润（万元）	营业税金及附加（万元）
合计	**2 129 700.16**	**1 350 716.50**	**95.83**	**42 906.50**
（一）旅行社	148 375.80	596 060.29	7 574.95	2 277.81
（二）星级饭店	1 934 751.09	728 990.91	-12 612.34	39 607.21
内资饭店	1 145 789.29	508 378.09	-22 508.17	26 747.99
外资饭店	788 961.80	220 612.82	9 895.83	12 859.22
（三）旅游景区	46 573.27	25 665.30	5 133.22	1 021.48

企业主要经济指标

利润率 （%）	全员劳动 生产率 （万元／人）	人均实现 利润 （万元／人）	人均固定 资产原价 （万元／人）	从业人员 （人）	企业数 （家）
−0.66	**15.69**	**−0.10**	**25.66**	**36 264**	**1 023**
1.28	39.58	0.51	21.50	4 870	696
−1.89	12.27	−0.23	24.84	24 923	227
−2.90	11.66	−0.34	21.52	23 714	225
7.60	24.33	1.85	89.80	1 209	2
−0.63	10.87	−0.07	31.96	6 471	100

企业主要经济指标

利润率 （%）	全员劳动 生产率 （万元／人）	人均实现 利润 （万元／人）	人均固定 资产原价 （万元／人）	从业人员 （人）	企业数 （家）
0.01	**20.84**	**0.00**	**32.86**	**64 816**	**1 538**
1.27	87.26	1.11	21.72	6 831	1 116
−1.73	12.96	−0.22	34.40	56 245	409
−4.43	11.31	−0.50	25.49	44 943	364
4.49	19.52	0.88	69.81	11 302	45
20.00	14.75	2.95	26.77	1 740	13

2-7 吉林省旅游

	固定资产原价（万元）	营业收入（万元）	利润（万元）	营业税金及附加（万元）
合计	**899 292.82**	**401 308.50**	**−16 735.02**	**16 448.55**
（一）旅行社	78 836.70	101 409.18	542.09	579.19
（二）星级饭店	732 628.96	279 510.02	−15 898.33	15 095.96
内资饭店	652 829.76	250 884.42	−19 438.53	13 616.76
外资饭店	79 799.20	28 625.60	3 540.20	1 479.20
（三）旅游景区	87 827.16	20 389.30	−1 378.78	773.40

2-8 黑龙江省旅游

	固定资产原价（万元）	营业收入（万元）	利润（万元）	营业税金及附加（万元）
合计	**841 488.55**	**452 709.31**	**13 410.66**	**14 102.71**
（一）旅行社	120 039.50	191 908.60	3 224.02	1 781.09
（二）星级饭店	584 022.78	222 432.90	8 325.96	11 516.33
内资饭店	533 852.00	198 679.46	3 302.16	10 249.28
外资饭店	50 170.78	23 753.44	5 023.81	1 267.05
（三）旅游景区	137 426.27	38 367.81	1 860.68	805.29

企业主要经济指标

利润率 （%）	全员劳动生产率 （万元／人）	人均实现利润 （万元／人）	人均固定资产原价 （万元／人）	从业人员 （人）	企业数 （家）
-4.17	**13.81**	**-0.58**	**30.94**	**29 066**	**723**
0.53	34.26	0.18	26.63	2 960	500
-5.69	11.51	-0.65	30.18	24 275	198
-7.75	10.86	-0.84	28.26	23 098	195
12.37	24.32	3.01	67.80	1 177	3
-6.76	11.14	-0.75	47.97	1 831	25

企业主要经济指标

利润率 （%）	全员劳动生产率 （万元／人）	人均实现利润 （万元／人）	人均固定资产原价 （万元／人）	从业人员 （人）	企业数 （家）
2.96	**14.92**	**0.44**	**27.73**	**30 341**	**914**
1.68	45.89	0.77	28.70	4 182	629
3.74	9.91	0.37	26.01	22 455	244
1.66	9.11	0.15	24.47	21 817	241
21.15	37.23	7.87	78.64	638	3
4.85	10.36	0.50	37.10	3 704	41

2-9 上海市旅游

	固定资产原价（万元）	营业收入（万元）	利润（万元）	营业税金及附加（万元）
合计	**5 170 442.57**	**5 610 140.38**	**162 927.49**	**109 631.88**
（一）旅行社	923 526.00	3 761 378.96	16 145.79	13 164.50
（二）星级饭店	3 683 909.13	1 653 999.12	132 636.54	90 021.96
内资饭店	3 475 571.73	1 468 328.72	97 420.65	79 639.23
外资饭店	208 337.40	185 670.40	35 215.89	10 382.73
（三）旅游景区	563 007.44	194 762.30	14 145.16	6 445.42

2-10 江苏省旅游

	固定资产原价（万元）	营业收入（万元）	利润（万元）	营业税金及附加（万元）
合计	**4 641 640.64**	**4 341 140.98**	**–6 800.25**	**118 440.43**
（一）旅行社	521 875.40	2 230 230.64	27 498.12	9 829.98
（二）星级饭店	2 924 764.64	1 794 858.69	–4 607.12	97 159.83
内资饭店	2 634 765.52	1 597 947.33	–16 125.91	86 363.87
外资饭店	289 999.12	196 911.36	11 518.79	10 795.96
（三）旅游景区	1 195 000.60	316 051.65	–29 691.25	11 450.62

企业主要经济指标

利润率 (%)	全员劳动生产率 (万元/人)	人均实现利润 (万元/人)	人均固定资产原价 (万元/人)	从业人员 (人)	企业数 (家)
2.90	**61.58**	**1.79**	**56.75**	**91 106**	**1 342**
0.43	184.83	0.79	45.38	20 351	1 010
8.02	26.10	2.09	58.12	63 381	277
6.63	25.47	1.69	60.28	57 658	260
18.97	32.44	6.15	36.40	5 723	17
7.26	26.41	1.92	76.35	7 374	55

企业主要经济指标

利润率 (%)	全员劳动生产率 (万元/人)	人均实现利润 (万元/人)	人均固定资产原价 (万元/人)	从业人员 (人)	企业数 (家)
–0.16	**30.97**	**–0.05**	**33.12**	**140 154**	**2 734**
1.23	113.55	1.40	26.57	19 641	1 891
–0.26	16.95	–0.04	27.63	105 868	723
–1.01	16.53	–0.17	27.26	96 663	691
5.85	21.39	1.25	31.50	9 205	32
–9.39	21.58	–2.03	81.60	14 645	120

2-11 浙江省旅游

	固定资产原价（万元）	营业收入（万元）	利润（万元）	营业税金及附加（万元）
合计	**4 801 840.03**	**4 987 837.97**	**156 261.28**	**147 363.86**
（一）旅行社	566 820.10	2 369 122.53	16 734.63	10 607.56
（二）星级饭店	3 124 044.72	2 232 738.52	71 908.82	121 901.76
内资饭店	2 601 226.39	1 997 249.58	40 703.13	108 835.64
外资饭店	522 818.33	235 488.94	31 205.69	13 066.12
（三）旅游景区	1 110 975.21	385 976.92	67 617.83	14 854.54

2-12 安徽省旅游

	固定资产原价（万元）	营业收入（万元）	利润（万元）	营业税金及附加（万元）
合计	**1 344 552.95**	**1 142 836.73**	**33 482.07**	**38 849.34**
（一）旅行社	158 587.10	536 616.31	7 043.49	3 809.02
（二）星级饭店	1 046 196.83	526 657.67	13 014.69	32 695.24
内资饭店	958 807.93	494 454.06	7 879.28	30 955.94
外资饭店	87 388.89	32 203.61	5 135.41	1 739.30
（三）旅游景区	139 769.02	79 562.75	13 423.89	2 345.08

企业主要经济指标

利润率 （%）	全员劳动 生 产 率 （万元／人）	人均实现 利　　润 （万元／人）	人均固定 资产原价 （万元／人）	从业人员 （人）	企业数 （家）
3.13	**37.66**	**1.18**	**36.25**	**132 459**	**2 753**
0.71	98.33	0.69	23.53	24 094	1 760
3.22	25.04	0.81	35.04	89 162	844
2.04	24.82	0.51	32.32	80 485	816
13.25	27.14	3.60	60.25	8 677	28
17.52	20.10	3.52	57.85	19 203	149

企业主要经济指标

利润率 （%）	全员劳动 生 产 率 （万元／人）	人均实现 利　　润 （万元／人）	人均固定 资产原价 （万元／人）	从业人员 （人）	企业数 （家）
2.93	**20.47**	**0.60**	**24.08**	**55 840**	**1 412**
1.31	58.22	0.76	17.21	9 217	969
2.47	12.24	0.30	24.31	43 033	390
1.59	12.11	0.19	23.49	40 826	380
15.95	14.59	2.33	39.60	2 207	10
16.87	22.16	3.74	38.93	3 590	53

2-13　福建省旅游

	固定资产原价（万元）	营业收入（万元）	利润（万元）	营业税金及附加（万元）
合计	**1 691 025.80**	**2 126 910.06**	**107 675.63**	**61 390.07**
（一）旅行社	283 002.30	1 087 069.62	6 614.14	4 656.34
（二）星级饭店	1 256 125.81	884 461.49	52 852.81	52 031.06
内资饭店	889 662.09	647 090.50	31 616.72	38 407.01
外资饭店	366 463.72	237 370.99	21 236.09	13 624.05
（三）旅游景区	151 897.69	155 378.95	48 208.68	4 702.67

2-14　江西省旅游

	固定资产原价（万元）	营业收入（万元）	利润（万元）	营业税金及附加（万元）
合计	**808 715.55**	**806 722.42**	**27 759.87**	**22 064.18**
（一）旅行社	107 621.40	427 304.94	2 923.75	2 443.96
（二）星级饭店	615 566.10	324 455.82	6 153.06	17 151.64
内资饭店	588 137.89	306 373.44	8 049.76	16 226.35
外资饭店	27 428.21	18 082.38	–1 896.70	925.29
（三）旅游景区	85 528.05	54 961.66	18 683.06	2 468.58

企业主要经济指标

利润率 (%)	全员劳动生产率 (万元/人)	人均实现利润 (万元/人)	人均固定资产原价 (万元/人)	从业人员 (人)	企业数 (家)
5.06	**26.49**	**1.34**	**21.06**	**80 303**	**1 125**
0.61	87.68	0.53	22.83	12 398	702
5.98	14.35	0.86	20.38	61 643	377
4.89	13.17	0.64	18.11	49 139	331
8.95	18.98	1.70	29.31	12 504	46
31.03	24.81	7.70	24.26	6 262	46

企业主要经济指标

利润率 (%)	全员劳动生产率 (万元/人)	人均实现利润 (万元/人)	人均固定资产原价 (万元/人)	从业人员 (人)	企业数 (家)
3.44	**19.30**	**0.66**	**19.35**	**41 791**	**1 070**
0.68	62.40	0.43	15.72	6 848	709
1.90	9.98	0.19	18.93	32 517	336
2.63	9.80	0.26	18.81	31 270	326
−10.49	14.50	−1.52	22.00	1 247	10
33.99	22.66	7.70	35.25	2 426	25

2-15　山东省旅游

	固定资产原　价（万元）	营业收入（万元）	利　润（万元）	营业税金及附加（万元）
合　计	**3 978 417.30**	**3 054 522.23**	**47 362.50**	**94 632.38**
（一）旅行社	381 279.10	1 303 331.77	24 395.04	6 755.67
（二）星级饭店	3 269 404.91	1 634 194.79	10 435.15	83 820.98
内资饭店	2 920 215.50	1 518 476.12	9 185.58	77 979.14
外资饭店	349 189.41	115 718.67	1 249.57	5 841.84
（三）旅游景区	327 733.29	116 995.67	12 532.31	4 055.73

2-16　河南省旅游

	固定资产原　价（万元）	营业收入（万元）	利　润（万元）	营业税金及附加（万元）
合　计	**1 479 241.28**	**1 006 190.52**	**–612.51**	**39 094.09**
（一）旅行社	162 590.70	327 260.99	2 430.15	2 470.41
（二）星级饭店	834 645.26	456 821.20	–20 062.43	25 025.19
内资饭店	752 246.96	405 268.19	–18 293.95	22 655.19
外资饭店	82 398.29	51 553.00	–1 768.48	2 370.00
（三）旅游景区	482 005.32	222 108.33	17 019.77	11 598.49

企业主要经济指标

利润率 （%）	全员劳动 生产率 （万元／人）	人均实现 利润 （万元／人）	人均固定 资产原价 （万元／人）	从业人员 （人）	企业数 （家）
1.55	**21.36**	**0.33**	**27.82**	**143 026**	**2 813**
1.87	72.33	1.35	21.16	18 020	1 865
0.64	13.94	0.09	27.89	117 218	869
0.60	13.73	0.08	26.41	110 573	844
1.08	17.41	0.19	52.55	6 645	25
10.71	15.02	1.61	42.08	7 788	79

企业主要经济指标

利润率 （%）	全员劳动 生产率 （万元／人）	人均实现 利润 （万元／人）	人均固定 资产原价 （万元／人）	从业人员 （人）	企业数 （家）
–0.06	**14.34**	**–0.01**	**21.08**	**70 164**	**1 569**
0.74	35.81	0.27	17.79	9 139	1 098
–4.39	9.69	–0.43	17.71	47 139	343
–4.51	9.23	–0.42	17.13	43 907	335
–3.43	15.95	–0.55	25.49	3 232	8
7.66	16.00	1.23	34.71	13 886	128

2-17　湖北省旅游

	固定资产原　价（万元）	营业收入（万元）	利　润（万元）	营业税金及附加（万元）
合　计	**1 459 294.39**	**1 313 907.46**	**8 111.52**	**35 215.76**
（一）旅行社	234 614.70	721 266.89	6 424.04	4 318.32
（二）星级饭店	980 885.07	488 074.99	–8 380.38	26 853.21
内资饭店	847 034.12	411 786.89	–11 871.80	22 750.15
外资饭店	133 850.95	76 288.10	3 491.42	4 103.05
（三）旅游景区	243 794.62	104 565.58	10 067.86	4 044.23

2-18　湖南省旅游

	固定资产原　价（万元）	营业收入（万元）	利　润（万元）	营业税金及附加（万元）
合　计	**1 889 216.44**	**2 183 224.05**	**58 179.23**	**49 231.53**
（一）旅行社	158 858.50	1 296 459.57	16 360.46	5 902.56
（二）星级饭店	1 473 131.24	768 583.61	25 592.92	38 418.42
内资饭店	1 395 448.28	738 329.49	25 739.19	36 764.62
外资饭店	77 682.96	30 254.11	–146.26	1 653.80
（三）旅游景区	257 226.70	118 180.87	16 225.85	4 910.55

企业主要经济指标

利润率 （%）	全员劳动生产率 （万元／人）	人均实现利润 （万元／人）	人均固定资产原价 （万元／人）	从业人员 （人）	企业数 （家）
0.62	**20.93**	**0.13**	**23.25**	**62 767**	**1 528**
0.89	55.07	0.49	17.91	13 098	1 000
−1.72	11.83	−0.20	23.78	41 242	410
−2.88	11.10	−0.32	22.83	37 109	395
4.58	18.46	0.84	32.39	4 133	15
9.63	12.41	1.19	28.93	8 427	118

企业主要经济指标

利润率 （%）	全员劳动生产率 （万元／人）	人均实现利润 （万元／人）	人均固定资产原价 （万元／人）	从业人员 （人）	企业数 （家）
2.66	**27.08**	**0.72**	**23.44**	**80 615**	**1 231**
1.26	96.50	1.22	11.82	13 435	713
3.33	12.77	0.43	24.47	60 190	454
3.49	12.91	0.45	24.41	57 176	439
−0.48	10.04	−0.05	25.77	3 014	15
13.73	16.91	2.32	36.80	6 990	64

2-19 广东省旅游

	固定资产原价（万元）	营业收入（万元）	利润（万元）	营业税金及附加（万元）
合计	**6 837 415.52**	**7 586 566.41**	**220 757.23**	**363 656.58**
（一）旅行社	1 084 296.00	4 490 275.75	22 703.91	24 116.96
（二）星级饭店	4 592 444.15	2 619 945.16	129 339.88	315 617.46
内资饭店	3 276 426.43	2 023 914.71	67 907.63	257 513.62
外资饭店	1 316 017.72	596 030.46	61 432.25	58 103.84
（三）旅游景区	1 160 675.37	476 345.50	68 713.44	23 922.16

2-20 广西壮族自治区旅游

	固定资产原价（万元）	营业收入（万元）	利润（万元）	营业税金及附加（万元）
合计	**1 136 639.19**	**943 107.65**	**8 972.37**	**29 359.17**
（一）旅行社	121 132.50	441 557.38	705.35	1 442.04
（二）星级饭店	871 524.66	435 354.72	871.63	24 393.36
内资饭店	648 625.01	369 528.93	-97.89	20 897.56
外资饭店	222 899.65	65 825.80	969.53	3 495.80
（三）旅游景区	143 982.03	66 195.55	7 395.39	3 523.77

企业主要经济指标

利润率 （%）	全员劳动生产率 （万元／人）	人均实现利润 （万元／人）	人均固定资产原价 （万元／人）	从业人员 （人）	企业数 （家）
2.91	**33.49**	**0.97**	**30.18**	**226 539**	**2 454**
0.51	126.82	0.64	30.62	35 408	1 376
4.94	15.90	0.78	27.86	164 812	959
3.36	15.04	0.50	24.35	134 574	856
10.31	19.71	2.03	43.52	30 238	103
14.43	18.10	2.61	44.10	26 319	119

企业主要经济指标

利润率 （%）	全员劳动生产率 （万元／人）	人均实现利润 （万元／人）	人均固定资产原价 （万元／人）	从业人员 （人）	企业数 （家）
0.95	**18.91**	**0.18**	**22.79**	**49 876**	**842**
0.16	62.94	0.10	17.27	7 016	459
0.20	12.12	0.02	24.26	35 931	317
−0.03	11.54	0.00	20.26	32 021	305
1.47	16.84	0.25	57.01	3 910	12
11.17	9.55	1.07	20.78	6 929	66

2-21 海南省旅游

	固定资产原价（万元）	营业收入（万元）	利润（万元）	营业税金及附加（万元）
合计	**1 203 405.23**	**831 236.27**	**88 156.97**	**23 463.37**
（一）旅行社	167 580.90	420 313.43	–328.44	1 129.55
（二）星级饭店	965 437.78	381 841.24	82 061.44	20 861.72
内资饭店	686 114.71	219 105.97	21 349.49	11 951.26
外资饭店	279 323.07	162 735.27	60 711.95	8 910.46
（三）旅游景区	70 386.55	29 081.60	6 423.97	1 472.10

2-22 重庆市旅游

	固定资产原价（万元）	营业收入（万元）	利润（万元）	营业税金及附加（万元）
合计	**1 272 561.18**	**1 313 717.47**	**9 679.29**	**31 664.57**
（一）旅行社	146 432.70	758 266.32	3 875.15	2 558.11
（二）星级饭店	896 004.48	468 737.48	9 649.85	25 355.33
内资饭店	671 025.83	404 869.94	6 605.99	22 038.98
外资饭店	224 978.65	63 867.54	3 043.86	3 316.35
（三）旅游景区	230 124.00	86 713.67	–3 845.71	3 751.13

企业主要经济指标

利润率（%）	全员劳动生产率（万元／人）	人均实现利润（万元／人）	人均固定资产原价（万元／人）	从业人员（人）	企业数（家）
10.61	**27.02**	**2.87**	**39.12**	**30 759**	**460**
−0.08	80.27	−0.06	32.01	5 236	295
21.49	16.80	3.61	42.48	22 729	153
9.74	13.19	1.28	41.29	16 615	137
37.31	26.62	9.93	45.69	6 114	16
22.09	10.41	2.30	25.19	2 794	12

企业主要经济指标

利润率（%）	全员劳动生产率（万元／人）	人均实现利润（万元／人）	人均固定资产原价（万元／人）	从业人员（人）	企业数（家）
0.74	**26.19**	**0.19**	**25.37**	**50 160**	**674**
0.51	111.81	0.57	21.59	6 782	375
2.06	12.93	0.27	24.71	36 258	239
1.63	12.18	0.20	20.18	33 252	233
4.77	21.25	1.01	74.84	3 006	6
−4.43	12.18	−0.54	32.32	7 120	60

2-23 四川省旅游

	固定资产原价（万元）	营业收入（万元）	利润（万元）	营业税金及附加（万元）
合计	**2 272 784.73**	**1 682 901.77**	**79 075.93**	**56 988.49**
（一）旅行社	174 343.90	692 189.35	20 446.38	3 209.46
（二）星级饭店	1 633 677.31	772 088.39	30 654.68	43 620.89
内资饭店	1 625 862.31	770 228.09	30 546.78	43 516.79
外资饭店	7 815.00	1 860.30	107.90	104.10
（三）旅游景区	464 763.52	218 624.03	27 974.87	10 158.14

2-24 贵州省旅游

	固定资产原价（万元）	营业收入（万元）	利润（万元）	营业税金及附加（万元）
合计	**478 964.36**	**417 023.22**	**13 138.96**	**17 173.84**
（一）旅行社	65 634.30	160 402.68	−46.04	429.85
（二）星级饭店	350 914.85	214 406.40	9 358.87	14 563.51
内资饭店	341 420.05	209 990.90	9 471.97	14 307.61
外资饭店	9 494.80	4 415.50	−113.10	255.90
（三）旅游景区	62 415.21	42 214.14	3 826.13	2 180.48

企业主要经济指标

利润率（%）	全员劳动生产率（万元/人）	人均实现利润（万元/人）	人均固定资产原价（万元/人）	从业人员（人）	企业数（家）
4.70	**23.78**	**1.12**	**32.12**	**70 756**	**1 120**
2.95	97.55	2.88	24.57	7 096	629
3.97	14.30	0.57	30.26	53 980	420
3.97	14.34	0.57	30.26	53 723	419
5.80	7.24	0.42	30.41	257	1
12.80	22.59	2.89	48.01	9 680	71

企业主要经济指标

利润率（%）	全员劳动生产率（万元/人）	人均实现利润（万元/人）	人均固定资产原价（万元/人）	从业人员（人）	企业数（家）
3.15	**15.06**	**0.47**	**17.30**	**27 683**	**571**
−0.03	67.37	−0.02	27.57	2 381	253
4.37	10.20	0.45	16.69	21 027	289
4.51	10.13	0.46	16.47	20 733	287
−2.56	15.02	−0.38	32.30	294	2
9.06	9.87	0.90	14.60	4 275	29

2-25 云南省旅游

	固定资产原价（万元）	营业收入（万元）	利润（万元）	营业税金及附加（万元）
合计	**1 802 585.27**	**1 468 879.75**	**45 583.35**	**34 252.27**
（一）旅行社	239 882.30	930 520.52	3 712.54	3 055.00
（二）星级饭店	1 214 276.93	402 461.26	20 579.88	26 452.52
内资饭店	1 149 149.59	378 479.16	14 583.90	25 231.94
外资饭店	65 127.33	23 982.10	5 995.98	1 220.58
（三）旅游景区	348 426.04	135 897.97	21 290.93	4 744.75

2-26 西藏自治区旅游

	固定资产原价（万元）	营业收入（万元）	利润（万元）	营业税金及附加（万元）
合计	**277 248.76**	**80 690.04**	**2 117.31**	**2 579.33**
（一）旅行社	69 331.80	39 299.15	678.86	317.03
（二）星级饭店	207 916.96	41 390.89	1 438.45	2 262.30
内资饭店	205 468.52	41 261.90	1 398.88	2 257.19
外资饭店	2 448.44	128.99	39.57	5.11
（三）旅游景区	—	—	—	—

企业主要经济指标

利润率 （%）	全员劳动生产率 （万元／人）	人均实现利润 （万元／人）	人均固定资产原价 （万元／人）	从业人员 （人）	企业数 （家）
3.10	**23.43**	**0.73**	**28.76**	**62 679**	**1 219**
0.40	69.08	0.28	17.81	13 470	587
5.11	9.96	0.51	30.04	40 419	563
3.85	9.79	0.38	29.73	38 647	549
25.00	13.53	3.38	36.75	1 772	14
15.67	15.46	2.42	39.64	8 790	69

企业主要经济指标

利润率 （%）	全员劳动生产率 （万元／人）	人均实现利润 （万元／人）	人均固定资产原价 （万元／人）	从业人员 （人）	企业数 （家）
2.62	**13.40**	**0.35**	**46.03**	**6 023**	**182**
1.73	30.09	0.52	53.09	1 306	97
3.48	8.77	0.30	44.08	4 717	85
3.39	8.84	0.30	44.01	4 669	83
30.68	2.69	0.82	51.01	48	2
—	—	—	—	—	—

2-27 陕西省旅游

	固定资产原价（万元）	营业收入（万元）	利润（万元）	营业税金及附加（万元）
合计	**1 324 971.60**	**1 067 119.79**	**406.01**	**32 728.00**
（一）旅行社	126 742.30	478 199.27	1 481.41	1 484.30
（二）星级饭店	1 043 700.11	540 228.35	14 489.00	29 351.14
内资饭店	860 379.41	460 498.05	–1 015.14	25 509.04
外资饭店	183 320.70	79 730.30	15 504.15	3 842.09
（三）旅游景区	154 529.19	48 692.17	–15 564.40	1 892.56

2-28 甘肃省旅游

	固定资产原价（万元）	营业收入（万元）	利润（万元）	营业税金及附加（万元）
合计	**662 914.48**	**376 650.55**	**5 482.86**	**14 153.44**
（一）旅行社	86 643.90	114 979.76	1 019.87	733.31
（二）星级饭店	519 585.90	230 721.79	1 846.82	11 703.76
内资饭店	480 042.73	222 744.82	1 265.12	11 265.19
外资饭店	39 543.17	7 976.97	581.70	438.57
（三）旅游景区	56 684.68	30 949.00	2 616.17	1 716.37

企业主要经济指标

利润率（%）	全员劳动生产率（万元／人）	人均实现利润（万元／人）	人均固定资产原价（万元／人）	从业人员（人）	企业数（家）
0.04	**18.70**	**0.01**	**23.21**	**57 077**	**958**
0.31	70.65	0.22	18.72	6 769	607
2.68	11.80	0.32	22.80	45 778	302
–0.22	10.91	–0.02	20.39	42 192	292
19.45	22.23	4.32	51.12	3 586	10
–31.96	0.78	–3.44	34.11	4 530	49

企业主要经济指标

利润率（%）	全员劳动生产率（万元／人）	人均实现利润（万元／人）	人均固定资产原价（万元／人）	从业人员（人）	企业数（家）
1.46	**12.04**	**0.18**	**21.19**	**31 280**	**705**
0.89	27.18	0.24	20.48	4 231	381
0.80	9.00	0.07	20.28	25 623	296
0.57	8.84	0.05	19.04	25 210	294
7.29	19.31	1.41	95.75	413	2
8.45	13.04	1.83	39.75	1 426	28

2-29 青海省旅游

	固定资产原价（万元）	营业收入（万元）	利润（万元）	营业税金及附加（万元）
合计	**250 511.05**	**123 508.63**	**1 117.48**	**4 544.75**
（一）旅行社	55 268.80	45 166.04	–155.52	326.31
（二）星级饭店	185 390.97	77 704.16	1 798.11	4 196.31
内资饭店	180 892.57	73 870.72	1 583.63	3 981.46
外资饭店	4 498.39	3 833.45	214.48	214.85
（三）旅游景区	9 851.28	638.43	–525.11	22.13

2-30 宁夏回族自治区旅游

	固定资产原价（万元）	营业收入（万元）	利润（万元）	营业税金及附加（万元）
合计	**431 666.92**	**204 794.23**	**5 764.79**	**6 810.57**
（一）旅行社	42 654.40	60 958.46	554.20	246.87
（二）星级饭店	265 862.62	94 325.91	–5 648.99	4 558.17
内资饭店	262 974.62	91 892.91	–5 663.99	4 443.17
外资饭店	2 888.00	2 433.00	15.00	115.00
（三）旅游景区	123 149.90	49 509.86	10 859.58	2 005.53

企业主要经济指标

利润率 (%)	全员劳动生产率 (万元/人)	人均实现利润 (万元/人)	人均固定资产原价 (万元/人)	从业人员 (人)	企业数 (家)
0.90	**14.13**	**0.13**	**28.66**	**8 741**	**309**
−0.34	33.33	−0.11	40.79	1 355	209
2.31	10.73	0.25	25.59	7 245	96
2.14	10.70	0.23	26.20	6 905	95
5.60	11.27	0.63	13.23	340	1
−82.25	1.61	−3.72	69.87	141	4

企业主要经济指标

利润率 (%)	全员劳动生产率 (万元/人)	人均实现利润 (万元/人)	人均固定资产原价 (万元/人)	从业人员 (人)	企业数 (家)
2.81	**16.79**	**0.47**	**35.39**	**12 196**	**191**
0.91	67.73	0.62	47.39	900	107
−5.99	10.82	−0.65	30.51	8 714	66
−6.16	10.84	−0.67	31.01	8 480	65
0.62	10.40	0.06	12.34	234	1
21.93	10.25	4.21	47.70	2 582	18

2-31 新疆维吾尔自治区旅游

	固定资产 原　　价 （万元）	营业收入 （万元）	利　　润 （万元）	营业税金 及附加 （万元）
合　　计	**1 311 170.35**	**703 938.01**	**5 044.47**	**29 754.03**
（一）旅行社	120 063.90	190 060.06	1 327.00	1 049.84
（二）星级饭店	1 138 826.09	484 884.84	−1 976.48	27 107.51
内资饭店	1 064 324.38	467 870.15	−3 150.38	26 160.94
外资饭店	74 501.71	17 014.69	1 173.90	946.57
（三）旅游景区	52 280.36	28 993.11	5 693.95	1 596.68

企业主要经济指标

利润率 （%）	全员劳动生产率 （万元／人）	人均实现利润 （万元／人）	人均固定资产原价 （万元／人）	从业人员 （人）	企业数 （家）
0.72	**17.40**	**0.12**	**32.41**	**40 451**	**850**
0.70	65.45	0.46	41.34	2 904	375
–0.41	13.47	–0.05	31.63	36 005	429
–0.67	13.36	–0.09	30.39	35 022	426
6.90	17.31	1.19	75.79	983	3
19.64	10.11	3.69	33.90	1 542	46

三、主要城市综合资料

3-1 主要城市旅游

	固定资产原　价（万元）	营业收入（万元）	利　润（万元）	营业税金及附加（万元）
合　计	**15 252 721.12**	**18 667 159.56**	**477 845.65**	**427 265.00**
（一）旅行社	534 069.84	11 600 623.13	93 196.17	50 848.86
（二）星级饭店	12 115 375.18	6 036 196.88	248 049.51	334 070.12
内资饭店	8 865 453.64	4 650 699.49	84 640.65	257 717.31
外资饭店	3 249 921.54	1 385 497.39	163 408.86	76 352.81
（三）旅游景区	2 603 276.10	1 030 339.55	136 599.97	42 346.02

企业主要经济指标

利润率（%）	全员劳动生产率（万元/人）	人均实现利润（万元/人）	人均固定资产原价（万元/人）	从业人员（人）	企业数（家）
2.56	**39.71**	**1.02**	**32.45**	**470 099**	**7 338**
0.80	120.15	0.97	5.53	96 550	4 995
4.11	18.74	0.77	37.61	322 092	2 041
1.82	17.79	0.32	33.91	261 455	1 852
11.79	22.85	2.69	53.60	60 637	189
13.26	20.02	2.65	50.59	51 457	302

3-2 主要城市旅行社

	固定资产原价（万元）	营业收入（万元）	利润（万元）	营业税金及附加（万元）
总计	**534 069.84**	**11 600 623.13**	**93 196.17**	**50 848.86**
沈阳	2 937.84	306 234.04	4 559.95	1 079.47
大连	12 941.58	232 896.78	2 541.29	850.38
长春	1 608.47	51 122.06	35.16	221.09
哈尔滨	1 661.62	25 020.93	698.02	251.63
南京	22 603.55	811 373.67	5 040.71	2 401.29
无锡	29 790.78	477 709.07	3 209.65	1 777.45
苏州	24 766.95	435 475.34	5 307.46	2 071.72
杭州	56 956.80	1 319 025.40	9 819.51	5 224.30
宁波	14 560.58	346 716.36	2 930.63	1 522.35
黄山	15 774.39	154 827.12	1 049.71	990.06
福州	31 165.78	431 262.79	2 986.13	1 979.68
厦门	8 432.77	393 380.77	1 672.88	1 640.50
青岛	59 498.94	421 320.46	7 539.59	2 173.93
武汉	115 275.03	413 203.20	3 007.61	2 451.89
广州	58 092.61	2 059 634.39	18 290.06	12 197.67
深圳	23 155.02	1 300 602.54	4 681.34	5 755.88
珠海	4 198.14	147 712.45	–40.67	655.41
中山	2 020.20	107 489.79	920.00	659.07
桂林	8 115.02	203 453.31	–263.81	802.76
海口	8 695.35	352 248.16	–1 079.59	885.02
成都	12 230.93	559 671.93	18 993.68	2 295.99
昆明	8 142.20	631 895.04	853.17	1 671.56
西安	11 445.29	418 347.52	443.69	1 289.75

主要经济指标（按城市分）

利润率 （%）	全员劳动生产率 （万元/人）	人均实现利润 （万元/人）	人均固定资产原价 （万元/人）	从业人员 （人）	企业数 （家）
0.80	**120.15**	**0.97**	**5.53**	**96 550**	**4 995**
1.49	163.94	2.44	1.57	1 868	116
1.09	89.92	0.98	5.00	2 590	341
0.07	55.57	0.04	1.75	920	143
2.79	21.29	0.59	1.41	1 175	208
0.62	131.59	0.82	3.67	6 166	451
0.67	182.12	1.22	11.36	2 623	133
1.22	124.60	1.52	7.09	3 495	211
0.74	132.58	0.99	5.72	9 949	523
0.85	96.28	0.81	4.04	3 601	228
0.68	86.98	0.59	8.86	1 780	123
0.69	144.86	1.00	10.47	2 977	118
0.43	97.44	0.41	2.09	4 037	144
1.79	101.50	1.82	14.33	4 151	331
0.73	71.34	0.52	19.90	5 792	261
0.89	203.20	1.80	5.73	10 136	249
0.36	140.18	0.50	2.50	9 278	281
−0.03	80.37	−0.02	2.28	1 838	108
0.86	79.39	0.68	1.49	1 354	30
−0.13	72.22	−0.09	2.88	2 817	132
−0.31	81.16	−0.25	2.00	4 340	190
3.39	167.32	5.68	3.66	3 345	155
0.14	83.39	0.11	1.07	7 578	209
0.11	88.26	0.09	2.41	4 740	310

3-3　主要城市星级饭店

	固定资产原价（万元）	营业收入（万元）	利润（万元）	营业税金及附加（万元）
总计	**12 115 375.18**	**6 036 196.88**	**248 049.51**	**334 070.12**
沈阳	657 976.62	212 977.86	13 379.28	11 272.74
大连	698 921.50	267 089.46	−7 917.00	14 413.85
长春	442 014.40	172 617.70	−6 953.18	9 566.50
哈尔滨	335 555.81	121 967.75	5 869.05	6 588.78
南京	598 587.43	345 439.69	17 242.41	18 073.22
无锡	389 090.53	242 577.43	−10 247.94	13 530.92
苏州	787 625.41	419 502.13	−11 885.21	23 231.27
杭州	1 129 015.96	567 371.24	20 954.28	30 331.48
宁波	586 283.64	384 379.31	20 334.73	20 959.36
黄山	193 451.71	68 984.60	−6 196.70	3 900.75
福州	272 872.60	204 282.94	20 382.89	11 814.87
厦门	420 019.44	242 563.91	18 046.77	13 510.70
青岛	644 564.27	306 461.75	7 108.15	15 377.22
武汉	441 673.51	219 681.05	1 526.91	12 275.02
广州	1 398 909.33	863 095.07	82 939.63	49 513.60
深圳	589 697.07	338 396.55	22 968.09	20 107.75
珠海	260 254.55	128 466.44	912.08	7 065.82
中山	100 991.22	52 709.43	−4 171.42	3 191.76
桂林	216 129.47	65 399.59	−1 449.90	4 135.77
海口	204 165.65	58 274.61	7 853.63	3 121.99
成都	769 654.14	375 959.87	20 411.05	21 622.11
昆明	458 213.30	166 377.48	21 401.23	9 181.41
西安	519 707.62	211 621.02	15 540.68	11 283.23

主要经济指标（按城市分）

利润率 （%）	全员劳动生产率 （万元/人）	人均实现利润 （万元/人）	人均固定资产原价 （万元/人）	从业人员 （人）	企业数 （家）
4.11	**18.74**	**0.77**	**37.61**	**322 092**	**2 041**
6.28	15.44	0.97	47.69	13 796	79
−2.96	17.24	−0.51	45.11	15 493	119
−4.03	15.32	−0.62	39.22	11 270	50
4.81	14.16	0.68	38.96	8 613	75
4.99	20.00	1.00	34.66	17 270	94
−4.22	18.87	−0.80	30.27	12 856	64
−2.83	19.04	−0.54	35.75	22 029	133
3.69	131.15	4.84	260.98	4 326	169
5.29	19.17	1.01	29.23	20 055	141
−8.98	11.09	−1.00	31.10	6 221	57
9.98	17.41	1.74	23.25	11 734	56
7.44	18.57	1.38	32.16	13 061	64
2.32	16.79	0.39	35.31	18 253	139
0.70	16.18	0.11	32.53	13 577	90
9.61	20.66	1.99	33.49	41 775	197
6.79	17.35	1.18	30.23	19 508	92
0.71	12.82	0.09	25.98	10 019	82
−7.91	13.00	−1.03	24.90	4 056	17
−2.22	12.11	−0.27	40.02	5 401	37
13.48	12.65	1.70	44.31	4 608	37
5.43	17.81	0.97	36.45	21 113	119
12.86	13.49	1.74	37.15	12 334	63
7.34	14.37	1.06	35.30	14 724	67

3-4 主要城市内资星级饭店

	固定资产原价（万元）	营业收入（万元）	利润（万元）	营业税金及附加（万元）
总计	**8 865 453.64**	**4 650 699.49**	**84 640.65**	**257 717.31**
沈阳	246 764.05	147 677.13	8 414.56	6 925.47
大连	368 907.70	132 659.46	-15 281.70	7 118.55
长春	363 715.20	144 098.70	-10 493.68	8 093.20
哈尔滨	285 385.03	98 214.32	845.24	5 321.73
南京	519 586.57	295 920.20	11 340.92	15 347.46
无锡	343 424.73	223 624.63	-8 538.70	12 551.57
苏州	716 343.54	355 461.37	-17 887.34	19 704.75
杭州	945 747.84	501 635.00	7 664.69	26 719.96
宁波	480 570.37	324 996.70	14 052.91	17 496.24
黄山	186 547.39	68 325.40	-5 837.39	3 863.52
福州	156 681.96	117 371.71	3 674.65	6 771.01
厦门	270 172.94	168 771.01	15 695.47	9 407.10
青岛	419 472.96	234 055.36	4 234.07	11 624.72
武汉	326 239.00	148 377.85	-2 027.31	8 435.47
广州	893 562.77	585 297.03	29 793.19	34 051.13
深圳	383 118.32	255 708.91	17 275.81	15 425.19
珠海	153 499.12	74 547.55	-2 919.94	4 369.24
中山	35 338.78	31 306.30	-232.20	1 996.40
桂林	154 284.27	48 658.59	-1 175.50	3 213.07
海口	92 635.28	37 676.74	1 020.88	1 947.83
成都	769 654.14	375 959.87	20 411.05	21 622.11
昆明	412 443.17	146 862.45	14 888.83	8 186.05
西安	341 358.52	133 493.22	-277.87	7 525.54

主要经济指标（按城市分）

利润率 （%）	全员劳动生产率 （万元/人）	人均实现利润 （万元/人）	人均固定资产原价 （万元/人）	从业人员 （人）	企业数 （家）
1.82	**17.79**	**0.32**	**33.91**	**261 455**	**1 852**
5.70	13.96	0.80	23.33	10 577	70
−11.52	14.41	−1.66	40.07	9 206	98
−7.28	14.16	−1.03	35.75	10 173	48
0.86	12.32	0.11	35.78	7 975	72
3.83	19.28	0.74	33.86	15 345	88
−3.82	18.89	−0.72	29.00	11 841	62
−5.03	18.73	−0.94	37.75	18 976	123
1.53	173.46	2.65	327.02	2 892	165
4.32	17.57	0.76	25.99	18 494	133
−8.54	11.27	−0.96	30.78	6 061	55
3.13	14.45	0.45	19.30	8 120	46
9.30	18.46	1.72	29.55	9 143	52
1.81	16.27	0.29	29.16	14 383	129
−1.37	14.87	−0.20	32.69	9 980	81
5.09	18.25	0.93	27.86	32 068	169
6.76	16.07	1.09	24.07	15 915	79
−3.92	11.47	−0.45	23.62	6 498	71
−0.74	11.59	−0.09	13.08	2 702	14
−2.42	11.34	−0.27	35.95	4 292	32
2.71	11.70	0.32	28.76	3 221	30
5.43	17.81	0.97	36.45	21 113	119
10.14	13.18	1.34	37.02	11 141	58
−0.21	11.77	−0.02	30.10	11 339	58

3–5 主要城市外资星级饭店

	固定资产原价（万元）	营业收入（万元）	利润（万元）	营业税金及附加（万元）
总计	**3 249 921.54**	**1 385 497.39**	**163 408.86**	**76 352.81**
沈阳	411 212.56	65 300.73	4 964.72	4 347.26
大连	330 013.80	134 430.00	7 364.70	7 295.30
长春	78 299.20	28 519.00	3 540.50	1 473.30
哈尔滨	50 170.78	23 753.44	5 023.81	1 267.05
南京	79 000.86	49 519.49	5 901.49	2 725.76
无锡	45 665.81	18 952.80	–1 709.24	979.35
苏州	71 281.87	64 040.76	6 002.13	3 526.52
杭州	183 268.12	65 736.24	13 289.59	3 611.52
宁波	105 713.27	59 382.61	6 281.82	3 463.12
黄山	6 904.32	659.20	–359.31	37.23
福州	116 190.65	86 911.23	16 708.24	5 043.86
厦门	149 846.50	73 792.90	2 351.30	4 103.60
青岛	225 091.31	72 406.39	2 874.09	3 752.50
武汉	115 434.52	71 303.20	3 554.22	3 839.55
广州	505 346.56	277 798.04	53 146.43	15 462.47
深圳	206 578.75	82 687.65	5 692.28	4 682.56
珠海	106 755.43	53 918.89	3 832.02	2 696.59
中山	65 652.44	21 403.13	–3 939.22	1 195.36
桂林	61 845.20	16 741.00	–274.40	922.70
海口	111 530.37	20 597.87	6 832.75	1 174.16
成都	—	—	—	—
昆明	45 770.13	19 515.03	6 512.40	995.36
西安	178 349.10	78 127.80	15 818.55	3 757.69

主要经济指标（按城市分）

利润率 （%）	全员劳动生产率 （万元/人）	人均实现利润 （万元/人）	人均固定资产原价 （万元/人）	从业人员 （人）	企业数 （家）
11.79	**22.85**	**2.69**	**53.60**	**60 637**	**189**
7.60	20.29	1.54	127.75	3 219	9
5.48	21.38	1.17	52.49	6 287	21
12.41	26.00	3.23	71.38	1 097	2
21.15	37.23	7.87	78.64	638	3
11.92	25.72	3.07	41.04	1 925	6
–9.02	18.67	–1.68	44.99	1 015	2
9.37	20.98	1.97	23.35	3 053	10
20.22	45.84	9.27	127.80	1 434	4
10.58	38.04	4.02	67.72	1 561	8
–54.51	4.12	–2.25	43.15	160	2
19.22	24.05	4.62	32.15	3 614	10
3.19	18.83	0.60	38.25	3 918	12
3.97	18.71	0.74	58.16	3 870	10
4.98	19.82	0.99	32.09	3 597	9
19.13	28.62	5.48	52.06	9 707	28
6.88	23.01	1.58	57.49	3 593	13
7.11	15.31	1.09	30.32	3 521	11
–18.40	15.81	–2.91	48.49	1 354	3
–1.64	15.10	–0.25	55.77	1 109	5
33.17	14.85	4.93	80.41	1 387	7
—	—	—	—	—	—
33.37	16.36	5.46	38.37	1 193	5
20.25	23.08	4.67	52.69	3 385	9

3–6 主要城市旅游景区

	固定资产原　价（万元）	营业收入（万元）	利　润（万元）	营业税金及附加（万元）
总　计	**2 603 276.10**	**1 030 339.55**	**136 599.97**	**42 346.02**
沈　阳	—	—	—	—
大　连	10 317.27	9 237.86	548.07	357.86
长　春	57 270.74	11 523.05	572.07	422.58
哈尔滨	19 794.02	12 850.32	–655.42	363.35
南　京	71 704.32	55 646.79	562.12	1 037.20
无　锡	301 044.42	58 959.91	7 125.86	2 090.04
苏　州	284 620.15	68 962.81	–15 348.75	2 269.67
杭　州	235 930.65	129 164.94	33 419.08	4 788.26
宁　波	88 591.80	53 837.20	–2 825.05	2 377.13
黄　山	49 558.65	24 670.02	4 590.40	849.96
福　州	9 154.78	8 247.08	692.74	79.45
厦　门	47 664.77	35 748.77	15 517.75	1 426.99
青　岛	51 961.63	47 095.44	11 139.91	1 275.73
武　汉	14 712.33	9 896.62	849.99	475.29
广　州	306 264.50	225 439.76	50 153.88	10 695.57
深　圳	381 817.74	118 400.30	20 460.21	6 642.44
珠　海	307 672.52	52 931.25	–1 390.53	2 929.80
中　山	14 928.27	5 505.87	–468.60	313.79
桂　林	13 422.89	20 420.87	6 784.53	860.22
海　口	17 875.92	1 170.26	–123.72	43.59
成　都	168 762.14	52 646.25	4 838.43	2 055.87
昆　明	83 225.69	15 231.66	2 908.72	491.22
西　安	66 980.92	12 752.51	–2 751.71	500.02

主要经济指标（按城市分）

利润率 （%）	全员劳动 生产率 （万元/人）	人均实现 利润 （万元/人）	人均固定资产 原价 （万元/人）	从业人员 （人）	企业数 （家）
13.26	**20.02**	**2.65**	**50.59**	**51 457**	**302**
—	—	—	—	—	—
5.93	19.45	1.15	21.72	475	4
4.96	17.51	0.87	87.04	658	3
−5.10	15.37	−0.78	23.68	836	7
1.01	15.76	0.16	20.31	3 530	18
12.09	27.20	3.29	138.86	2 168	15
−22.26	17.21	−3.83	71.01	4 008	35
25.87	27.69	7.16	50.57	4 665	37
−5.25	16.04	−0.84	26.39	3 357	29
18.61	20.59	3.83	41.37	1 198	15
8.40	31.72	2.66	35.21	260	3
43.41	24.98	10.84	33.31	1 431	9
23.65	40.15	9.50	44.30	1 173	11
8.59	8.03	0.69	11.94	1 232	8
22.25	24.86	5.53	33.77	9 070	37
17.28	19.89	3.44	64.15	5 952	13
−2.63	13.08	−0.34	76.02	4 047	10
−8.51	8.56	−0.73	23.22	643	7
33.22	9.72	3.23	6.39	2 100	13
−10.57	13.93	−1.47	212.81	84	1
9.19	21.80	2.00	69.88	2 415	7
19.10	19.60	3.74	107.11	777	3
−21.58	9.25	−2.00	48.61	1 378	17

四、分城市旅游企业资料

4-1 沈阳市旅游

	固定资产原　价（万元）	营业收入（万元）	利　润（万元）	营业税金及附加（万元）
合　计	**660 914.46**	**519 211.91**	**17 939.23**	**12 352.21**
（一）旅行社	2 937.84	306 234.04	4 559.95	1 079.47
（二）星级饭店	657 976.62	212 977.86	13 379.28	11 272.74
内资饭店	246 764.05	147 677.13	8 414.56	6 925.47
外资饭店	411 212.56	65 300.73	4 964.72	4 347.26
（三）旅游景区	—	—	—	—

4-2 大连市旅游

	固定资产原　价（万元）	营业收入（万元）	利　润（万元）	营业税金及附加（万元）
合　计	**722 180.35**	**509 224.10**	**–4 827.64**	**15 622.09**
（一）旅行社	12 941.58	232 896.78	2 541.29	850.38
（二）星级饭店	698 921.50	267 089.46	–7 917.00	14 413.85
内资饭店	368 907.70	132 659.46	–15 281.70	7 118.55
外资饭店	330 013.80	134 430.00	7 364.70	7 295.30
（三）旅游景区	10 317.27	9 237.86	548.07	357.86

企业主要经济指标

利润率 （%）	全员劳动生产率 （万元/人）	人均实现利润 （万元/人）	人均固定资产原价 （万元/人）	从业人员 （人）	企业数 （家）
0.03	**33.15**	**1.15**	**42.19**	**15 664**	**195**
1.49	163.94	2.44	1.57	1 868	116
6.28	15.44	0.97	47.69	13 796	79
5.70	13.96	0.80	23.33	10 577	70
7.60	20.29	1.54	127.75	3 219	9
—	—	—	—	—	—

企业主要经济指标

利润率 （%）	全员劳动生产率 （万元/人）	人均实现利润 （万元/人）	人均固定资产原价 （万元/人）	从业人员 （人）	企业数 （家）
–0.01	**27.44**	**–0.26**	**38.91**	**18 558**	**464**
1.09	89.92	0.98	5.00	2 590	341
–2.96	17.24	–0.51	45.11	15 493	119
–11.52	14.41	–1.66	40.07	9 206	98
5.48	21.38	1.17	52.49	6 287	21
5.93	19.45	1.15	21.72	475	4

4-3 长春市旅游

	固定资产原价（万元）	营业收入（万元）	利润（万元）	营业税金及附加（万元）
合计	**500 893.61**	**235 262.81**	**-6 345.95**	**10 210.17**
（一）旅行社	1 608.47	51 122.06	35.16	221.09
（二）星级饭店	442 014.40	172 617.70	-6 953.18	9 566.50
内资饭店	363 715.20	144 098.70	-10 493.68	8 093.20
外资饭店	78 299.20	28 519.00	3 540.50	1 473.30
（三）旅游景区	57 270.74	11 523.05	572.07	422.58

4-4 哈尔滨市旅游

	固定资产原价（万元）	营业收入（万元）	利润（万元）	营业税金及附加（万元）
合计	**357 011.45**	**159 839.00**	**5 911.65**	**7 203.76**
（一）旅行社	1 661.62	25 020.93	698.02	251.63
（二）星级饭店	335 555.81	121 967.75	5 869.05	6 588.78
内资饭店	285 385.03	98 214.32	845.24	5 321.73
外资饭店	50 170.78	23 753.44	5 023.81	1 267.05
（三）旅游景区	19 794.02	12 850.32	-655.42	363.35

企业主要经济指标

利润率 （%）	全员劳动生产率 （万元/人）	人均实现利润 （万元/人）	人均固定资产原价 （万元/人）	从业人员 （人）	企业数 （家）
–0.03	**18.31**	**–0.49**	**38.99**	**12 848**	**196**
0.07	55.57	0.04	1.75	920	143
–4.03	15.32	–0.62	39.22	11 270	50
–7.28	14.16	–1.03	35.75	10 173	48
12.41	26.00	3.23	71.38	1 097	2
4.96	17.51	0.87	87.04	658	3

企业主要经济指标

利润率 （%）	全员劳动生产率 （万元/人）	人均实现利润 （万元/人）	人均固定资产原价 （万元/人）	从业人员 （人）	企业数 （家）
0.04	**15.05**	**0.56**	**33.60**	**10 624**	**290**
2.79	21.29	0.59	1.41	1 175	208
4.81	14.16	0.68	38.96	8 613	75
0.86	12.32	0.11	35.78	7 975	72
21.15	37.23	7.87	78.64	638	3
–5.10	15.37	–0.78	23.68	836	7

4–5 南京市旅游

	固定资产原价（万元）	营业收入（万元）	利润（万元）	营业税金及附加（万元）
合计	**692 895.30**	**1 212 460.15**	**22 845.24**	**21 511.71**
（一）旅行社	22 603.55	811 373.67	5 040.71	2 401.29
（二）星级饭店	598 587.43	345 439.69	17 242.41	18 073.22
内资饭店	519 586.57	295 920.20	11 340.92	15 347.46
外资饭店	79 000.86	49 519.49	5 901.49	2 725.76
（三）旅游景区	71 704.32	55 646.79	562.12	1 037.20

4–6 无锡市旅游

	固定资产原价（万元）	营业收入（万元）	利润（万元）	营业税金及附加（万元）
合计	**719 925.73**	**779 246.41**	**87.57**	**17 398.41**
（一）旅行社	29 790.78	477 709.07	3 209.65	1 777.45
（二）星级饭店	389 090.53	242 577.43	–10 247.94	13 530.92
内资饭店	343 424.73	223 624.63	–8 538.70	12 551.57
外资饭店	45 665.80	18 952.80	–1 709.24	979.35
（三）旅游景区	301 044.42	58 959.91	7 125.86	2 090.04

企业主要经济指标

利润率 （%）	全员劳动生产率 （万元/人）	人均实现利润 （万元/人）	人均固定资产原价 （万元/人）	从业人员 （人）	企业数 （家）
0.02	**44.96**	**0.85**	**25.70**	**26 966**	**563**
0.62	131.59	0.82	3.67	6 166	451
4.99	20.00	1.00	34.66	17 270	94
3.83	19.28	0.74	33.86	15 345	88
11.92	25.72	3.07	41.04	1 925	6
1.01	15.76	0.16	20.31	3 530	18

企业主要经济指标

利润率 （%）	全员劳动生产率 （万元/人）	人均实现利润 （万元/人）	人均固定资产原价 （万元/人）	从业人员 （人）	企业数 （家）
0.00	**44.16**	**0.00**	**40.80**	**17 647**	**212**
0.67	182.12	1.22	11.36	2 623	133
–4.22	18.87	–0.80	30.27	12 856	64
–3.82	18.89	–0.72	29.00	11 841	62
–9.02	18.67	–1.68	44.99	1 015	2
12.09	27.20	3.29	138.86	2 168	15

4-7 苏州市旅游

	固定资产原价（万元）	营业收入（万元）	利润（万元）	营业税金及附加（万元）
合计	**1 097 012.51**	**923 940.28**	**–21 926.50**	**27 572.66**
（一）旅行社	24 766.95	435 475.34	5 307.46	2 071.72
（二）星级饭店	787 625.41	419 502.13	–11 885.21	23 231.27
内资饭店	716 343.54	355 461.37	–17 887.34	19 704.75
外资饭店	71 281.87	64 040.76	6 002.13	3 526.52
（三）旅游景区	284 620.15	68 962.81	–15 348.75	2 269.67

4-8 杭州市旅游

	固定资产原价（万元）	营业收入（万元）	利润（万元）	营业税金及附加（万元）
合计	**1 421 903.42**	**2 015 561.58**	**64 192.87**	**40 344.04**
（一）旅行社	56 956.80	1 319 025.40	9 819.51	5 224.30
（二）星级饭店	1 129 015.96	567 371.24	20 954.28	30 331.48
内资饭店	945 747.84	501 635.00	7 664.69	26 719.96
外资饭店	183 268.12	65 736.24	13 289.59	3 611.52
（三）旅游景区	235 930.65	129 164.94	33 419.08	4 788.26

企业主要经济指标

利润率 （%）	全员劳动生产率 （万元/人）	人均实现利润 （万元/人）	人均固定资产原价 （万元/人）	从业人员 （人）	企业数 （家）
–0.02	**31.29**	**–0.74**	**37.15**	**29 532**	**379**
1.22	124.60	1.52	7.09	3 495	211
–2.83	19.04	–0.54	35.75	22 029	133
–5.03	18.73	–0.94	37.75	18 976	123
9.37	20.98	1.97	23.35	3 053	10
–22.26	17.21	–3.83	71.01	4 008	35

企业主要经济指标

利润率 （%）	全员劳动生产率 （万元/人）	人均实现利润 （万元/人）	人均固定资产原价 （万元/人）	从业人员 （人）	企业数 （家）
0.03	**106.42**	**3.39**	**75.07**	**18 940**	**729**
0.74	132.58	0.99	5.72	9 949	523
3.69	196.19	7.25	390.39	4 326	169
1.53	173.46	2.65	327.02	2 892	165
20.22	45.84	9.27	127.80	1 434	4
25.87	27.69	7.16	50.57	4 665	37

4-9 宁波市旅游

	固定资产原价（万元）	营业收入（万元）	利润（万元）	营业税金及附加（万元）
合计	**689 436.02**	**784 932.87**	**20 440.31**	**24 858.84**
（一）旅行社	14 560.58	346 716.36	2 930.63	1 522.35
（二）星级饭店	586 283.64	384 379.31	20 334.73	20 959.36
内资饭店	480 570.37	324 996.70	14 052.91	17 496.24
外资饭店	105 713.27	59 382.61	6 281.82	3 463.12
（三）旅游景区	88 591.80	53 837.20	–2 825.05	2 377.13

4-10 黄山市旅游

	固定资产原价（万元）	营业收入（万元）	利润（万元）	营业税金及附加（万元）
合计	**258 784.75**	**248 481.75**	**–556.59**	**5 740.76**
（一）旅行社	15 774.39	154 827.12	1 049.71	990.06
（二）星级饭店	193 451.71	68 984.60	–6 196.70	3 900.75
内资饭店	186 547.39	68 325.40	–5 837.39	3 863.52
外资饭店	6 904.32	659.20	–359.31	37.23
（三）旅游景区	49 558.65	24 670.02	4 590.40	849.96

企业主要经济指标

利润率 （%）	全员劳动生产率 （万元/人）	人均实现利润 （万元/人）	人均固定资产原价 （万元/人）	从业人员 （人）	企业数 （家）
0.03	**29.06**	**0.76**	**25.52**	**27 013**	**398**
0.85	96.28	0.81	4.04	3 601	228
5.29	19.17	1.01	29.23	20 055	141
4.32	17.57	0.76	25.99	18 494	133
10.58	38.04	4.02	67.72	1 561	8
–5.25	16.04	–0.84	26.39	3 357	29

企业主要经济指标

利润率 （%）	全员劳动生产率 （万元/人）	人均实现利润 （万元/人）	人均固定资产原价 （万元/人）	从业人员 （人）	企业数 （家）
0.00	**27.01**	**–0.06**	**28.13**	**9 199**	**195**
0.68	86.98	0.59	8.86	1 780	123
–8.98	11.09	–1.00	31.10	6 221	57
–8.54	11.27	–0.96	30.78	6 061	55
–54.51	4.12	–2.25	43.15	160	2
18.61	20.59	3.83	41.37	1 198	15

4-11 福州市旅游

	固定资产原价（万元）	营业收入（万元）	利润（万元）	营业税金及附加（万元）
合计	**313 193.16**	**643 792.81**	**24 061.76**	**13 874.00**
（一）旅行社	31 165.78	431 262.79	2 986.13	1 979.68
（二）星级饭店	272 872.60	204 282.94	20 382.89	11 814.87
内资饭店	156 681.96	117 371.71	3 674.65	6 771.01
外资饭店	116 190.65	86 911.23	16 708.24	5 043.86
（三）旅游景区	9 154.78	8 247.08	692.74	79.45

4-12 厦门市旅游

	固定资产原价（万元）	营业收入（万元）	利润（万元）	营业税金及附加（万元）
合计	**476 116.98**	**671 693.45**	**35 237.40**	**16 578.20**
（一）旅行社	8 432.77	393 380.77	1 672.88	1 640.50
（二）星级饭店	420 019.44	242 563.91	18 046.77	13 510.70
内资饭店	270 172.94	168 771.01	15 695.47	9 407.10
外资饭店	149 846.50	73 792.90	2 351.30	4 103.60
（三）旅游景区	47 664.77	35 748.77	15 517.75	1 426.99

企业主要经济指标

利润率 （%）	全员劳动生产率 （万元/人）	人均实现利润 （万元/人）	人均固定资产原价 （万元/人）	从业人员 （人）	企业数 （家）
0.04	**43.00**	**1.61**	**20.92**	**14 971**	**177**
0.69	144.86	1.00	10.47	2 977	118
9.98	17.41	1.74	23.25	11 734	56
3.13	14.45	0.45	19.30	8 120	46
19.22	24.05	4.62	32.15	3 614	10
8.40	31.72	2.66	35.21	260	3

企业主要经济指标

利润率 （%）	全员劳动生产率 （万元/人）	人均实现利润 （万元/人）	人均固定资产原价 （万元/人）	从业人员 （人）	企业数 （家）
0.05	**36.25**	**1.90**	**25.70**	**18 529**	**217**
0.43	97.44	0.41	2.09	4 037	144
7.44	18.57	1.38	32.16	13 061	64
9.30	18.46	1.72	29.55	9 143	52
3.19	18.83	0.60	38.25	3 918	12
43.41	24.98	10.84	33.31	1 431	9

4-13 青岛市旅游

	固定资产原价（万元）	营业收入（万元）	利润（万元）	营业税金及附加（万元）
合计	**756 024.84**	**774 877.66**	**25 787.66**	**18 826.88**
（一）旅行社	59 498.94	421 320.46	7 539.59	2 173.93
（二）星级饭店	644 564.27	306 461.75	7 108.15	15 377.22
内资饭店	419 472.96	234 055.36	4 234.07	11 624.72
外资饭店	225 091.31	72 406.39	2 874.09	3 752.50
（三）旅游景区	51 961.63	47 095.44	11 139.91	1 275.73

4-14 武汉市旅游

	固定资产原价（万元）	营业收入（万元）	利润（万元）	营业税金及附加（万元）
合计	**571 660.87**	**642 780.87**	**5 384.51**	**15 202.20**
（一）旅行社	115 275.03	413 203.20	3 007.61	2 451.89
（二）星级饭店	441 673.51	219 681.05	1 526.91	12 275.02
内资饭店	326 239.00	148 377.85	–2 027.31	8 435.47
外资饭店	115 434.52	71 303.20	3 554.22	3 839.55
（三）旅游景区	14 712.33	9 896.62	849.99	475.29

企业主要经济指标

利润率 （%）	全员劳动 生 产 率 （万元/人）	人均实现 利　润 （万元/人）	人均固定资产 原　价 （万元/人）	从业人员 （人）	企业数 （家）
0.03	**32.87**	**1.09**	**32.07**	**23 577**	**481**
1.79	101.50	1.82	14.33	4 151	331
2.32	16.79	0.39	35.31	18 253	139
1.81	16.27	0.29	29.16	14 383	129
3.97	18.71	0.74	58.16	3 870	10
23.65	40.15	9.50	44.30	1 173	11

企业主要经济指标

利润率 （%）	全员劳动 生 产 率 （万元/人）	人均实现 利　润 （万元/人）	人均固定资产 原　价 （万元/人）	从业人员 （人）	企业数 （家）
0.01	**31.20**	**0.26**	**27.75**	**20 601**	**359**
0.73	71.34	0.52	19.90	5 792	261
0.70	16.18	0.11	32.53	13 577	90
−1.37	14.87	−0.20	32.69	9 980	81
4.98	19.82	0.99	32.09	3 597	9
8.59	8.03	0.69	11.94	1 232	8

4–15 广州市旅游

	固定资产原价（万元）	营业收入（万元）	利润（万元）	营业税金及附加（万元）
合计	**1 763 266.44**	**3 148 169.22**	**151 383.57**	**72 406.84**
（一）旅行社	58 092.61	2 059 634.39	18 290.06	12 197.67
（二）星级饭店	1 398 909.33	863 095.07	82 939.63	49 513.60
内资饭店	893 562.77	585 297.03	29 793.19	34 051.13
外资饭店	505 346.56	277 798.04	53 146.43	15 462.47
（三）旅游景区	306 264.50	225 439.76	50 153.88	10 695.57

4–16 深圳市旅游

	固定资产原价（万元）	营业收入（万元）	利润（万元）	营业税金及附加（万元）
合计	**994 669.83**	**1 757 399.40**	**48 109.64**	**32 506.06**
（一）旅行社	23 155.02	1 300 602.54	4 681.34	5 755.88
（二）星级饭店	589 697.07	338 396.55	22 968.09	20 107.75
内资饭店	383 118.32	255 708.91	17 275.81	15 425.19
外资饭店	206 578.75	82 687.65	5 692.28	4 682.56
（三）旅游景区	381 817.74	118 400.30	20 460.21	6 642.44

企业主要经济指标

利润率 （%）	全员劳动生产率 （万元/人）	人均实现利润 （万元/人）	人均固定资产原价 （万元/人）	从业人员 （人）	企业数 （家）
0.05	**51.63**	**2.48**	**28.92**	**60 981**	**483**
0.89	203.20	1.80	5.73	10 136	249
9.61	20.66	1.99	33.49	41 775	197
5.09	18.25	0.93	27.86	32 068	169
19.13	28.62	5.48	52.06	9 707	28
22.25	24.86	5.53	33.77	9 070	37

企业主要经济指标

利润率 （%）	全员劳动生产率 （万元/人）	人均实现利润 （万元/人）	人均固定资产原价 （万元/人）	从业人员 （人）	企业数 （家）
0.03	**50.59**	**1.38**	**28.63**	**34 738**	**386**
0.36	140.18	0.50	2.50	9 278	281
6.79	17.35	1.18	30.23	19 508	92
6.76	16.07	1.09	24.07	15 915	79
6.88	23.01	1.58	57.49	3 593	13
17.28	19.89	3.44	64.15	5 952	13

4-17 珠海市旅游

	固定资产原价（万元）	营业收入（万元）	利润（万元）	营业税金及附加（万元）
合计	**572 125.20**	**329 110.14**	**-519.12**	**10 651.03**
（一）旅行社	4 198.14	147 712.45	-40.67	655.41
（二）星级饭店	260 254.55	128 466.44	912.08	7 065.82
内资饭店	153 499.12	74 547.55	-2 919.94	4 369.24
外资饭店	106 755.43	53 918.89	3 832.02	2 696.59
（三）旅游景区	307 672.52	52 931.25	-1 390.53	2 929.80

4-18 中山市旅游

	固定资产原价（万元）	营业收入（万元）	利润（万元）	营业税金及附加（万元）
合计	**117 939.69**	**165 705.09**	**-3 720.02**	**4 164.62**
（一）旅行社	2 020.20	107 489.79	920.00	659.07
（二）星级饭店	100 991.22	52 709.43	-4 171.42	3 191.76
内资饭店	35 338.78	31 306.30	-232.20	1 996.40
外资饭店	65 652.44	21 403.13	-3 939.22	1 195.36
（三）旅游景区	14 928.27	5 505.87	-468.60	313.79

企业主要经济指标

利润率 （%）	全员劳动 生产率 （万元/人）	人均实现 利润 （万元/人）	人均固定资产 原价 （万元/人）	从业人员 （人）	企业数 （家）
0.00	**20.69**	**–0.03**	**35.97**	**15 904**	**200**
–0.03	80.37	–0.02	2.28	1 838	108
0.71	12.82	0.09	25.98	10 019	82
–3.92	11.47	–0.45	23.62	6 498	71
7.11	15.31	1.09	30.32	3 521	11
–2.63	13.08	–0.34	76.02	4 047	10

企业主要经济指标

利润率 （%）	全员劳动 生产率 （万元/人）	人均实现 利润 （万元/人）	人均固定资产 原价 （万元/人）	从业人员 （人）	企业数 （家）
–0.02	**27.38**	**–0.61**	**19.48**	**6 053**	**54**
0.86	79.39	0.68	1.49	1 354	30
–7.91	13.00	–1.03	24.90	4 056	17
–0.74	11.59	–0.09	13.08	2 702	14
–18.40	15.81	–2.91	48.49	1 354	3
–8.51	8.56	–0.73	23.22	643	7

4-19 桂林市旅游

	固定资产原价（万元）	营业收入（万元）	利润（万元）	营业税金及附加（万元）
合计	**237 667.38**	**289 273.76**	**5 070.82**	**5 798.75**
（一）旅行社	8 115.02	203 453.31	–263.81	802.76
（二）星级饭店	216 129.47	65 399.59	–1 449.90	4 135.77
内资饭店	154 284.27	48 658.59	–1 175.50	3 213.07
外资饭店	61 845.20	16 741.00	–274.40	922.70
（三）旅游景区	13 422.89	20 420.87	6 784.53	860.22

4-20 海口市旅游

	固定资产原价（万元）	营业收入（万元）	利润（万元）	营业税金及附加（万元）
合计	**230 736.92**	**411 693.03**	**6 650.32**	**4 050.60**
（一）旅行社	8 695.35	352 248.16	–1 079.59	885.02
（二）星级饭店	204 165.65	58 274.61	7 853.63	3 121.99
内资饭店	92 635.28	37 676.74	1 020.88	1 947.83
外资饭店	111 530.37	20 597.87	6 832.75	1 174.16
（三）旅游景区	17 875.92	1 170.26	–123.72	43.59

企业主要经济指标

利润率 （%）	全员劳动生产率 （万元/人）	人均实现利润 （万元/人）	人均固定资产原价 （万元/人）	从业人员 （人）	企业数 （家）
0.02	**28.04**	**0.49**	**23.03**	**10 318**	**182**
−0.13	72.22	−0.09	2.88	2 817	132
−2.22	12.11	−0.27	40.02	5 401	37
−2.42	11.34	−0.27	35.95	4 292	32
−1.64	15.10	−0.25	55.77	1 109	5
33.22	9.72	3.23	6.39	2 100	13

企业主要经济指标

利润率 （%）	全员劳动生产率 （万元/人）	人均实现利润 （万元/人）	人均固定资产原价 （万元/人）	从业人员 （人）	企业数 （家）
0.02	**45.58**	**0.74**	**25.55**	**9 032**	**228**
−0.31	81.16	−0.25	2.00	4 340	190
13.48	12.65	1.70	44.31	4 608	37
2.71	11.70	0.32	28.76	3 221	30
33.17	14.85	4.93	80.41	1 387	7
−10.57	13.93	−1.47	212.81	84	1

4-21 成都市旅游

	固定资产原价（万元）	营业收入（万元）	利润（万元）	营业税金及附加（万元）
合计	**950 647.22**	**988 278.05**	**44 243.15**	**25 973.98**
（一）旅行社	12 230.93	559 671.93	18 993.68	2 295.99
（二）星级饭店	769 654.14	375 959.87	20 411.05	21 622.11
内资饭店	769 654.14	375 959.87	20 411.05	21 622.11
外资饭店	—	—	—	—
（三）旅游景区	168 762.14	52 646.25	4 838.43	2 055.87

4-22 昆明市旅游

	固定资产原价（万元）	营业收入（万元）	利润（万元）	营业税金及附加（万元）
合计	**549 581.19**	**813 504.17**	**25 163.12**	**11 344.19**
（一）旅行社	8 142.20	631 895.04	853.17	1 671.56
（二）星级饭店	458 213.30	166 377.48	21 401.23	9 181.41
内资饭店	412 443.17	146 862.45	14 888.83	8 186.05
外资饭店	45 770.13	19 515.03	6 512.40	995.36
（三）旅游景区	83 225.69	15 231.66	2 908.72	491.22

企业主要经济指标

利润率 （%）	全员劳动 生 产 率 （万元/人）	人均实现 利　　润 （万元/人）	人均固定资产 原　　价 （万元/人）	从业人员 （人）	企业数 （家）
0.04	**36.78**	**1.65**	**35.38**	**26 873**	**281**
3.39	167.32	5.68	3.66	3 345	155
5.43	17.81	0.97	36.45	21 113	119
5.43	17.81	0.97	36.45	21 113	119
—	—	—	—	—	—
9.19	21.80	2.00	69.88	2 415	7

企业主要经济指标

利润率 （%）	全员劳动 生 产 率 （万元/人）	人均实现 利　　润 （万元/人）	人均固定资产 原　　价 （万元/人）	从业人员 （人）	企业数 （家）
0.03	**39.32**	**1.22**	**26.56**	**20 689**	**275**
0.14	83.39	0.11	1.07	7 578	209
12.86	13.49	1.74	37.15	12 334	63
10.14	13.18	1.34	37.02	11 141	58
33.37	16.36	5.46	38.37	1 193	5
19.10	19.60	3.74	107.11	777	3

4-23 西安市旅游

	固定资产原价（万元）	营业收入（万元）	利润（万元）	营业税金及附加（万元）
合计	**598 133.82**	**642 721.05**	**13 232.66**	**13 073.01**
（一）旅行社	11 445.29	418 347.52	443.69	1 289.75
（二）星级饭店	519 707.62	211 621.02	15 540.68	11 283.23
内资饭店	341 358.52	133 493.22	–277.87	7 525.54
外资饭店	178 349.10	78 127.80	15 818.55	3 757.69
（三）旅游景区	66 980.92	12 752.51	–2 751.71	500.02

企业主要经济指标

利润率 （%）	全员劳动生产率 （万元/人）	人均实现利润 （万元/人）	人均固定资产原价 （万元/人）	从业人员 （人）	企业数 （家）
0.02	**30.84**	**0.63**	**28.70**	**20 842**	**394**
0.11	88.26	0.09	2.41	4 740	310
7.34	14.37	1.06	35.30	14 724	67
–0.21	11.77	–0.02	30.10	11 339	58
20.25	23.08	4.67	52.69	3 385	9
–21.58	9.25	–2.00	48.61	1 378	17

下　　篇

全国星级饭店综合资料

五、全国星级饭店综合资料

5-1 全国星级饭店

饭店注册登记类型和星级		饭店数（家）	房间数（张）	床位数（张）
饭店注册登记类型	**合　计**	**11 676**	**1 474 889**	**2 586 298**
	国有企业	3 646	471 222	874 591
	集体企业	475	48 173	88 540
	股份合作企业	250	28 874	51 448
	国有联营	10	943	1 673
	集体联营	20	1 828	3 376
	国有与集体联营	10	1 095	2 022
	其他联营	6	468	773
	国有独资公司	373	55 596	89 401
	其他有限责任公司	1 289	189 366	318 633
	股份有限公司	602	80 753	139 512
	私营独资	1 623	132 994	236 673
	私营合伙	349	34 905	59 008
	私营有限责任公司	1 637	195 730	342 681
	私营股份有限公司	203	24 714	44 241
	其他	691	85 078	144 985
	与港澳台商合资经营	133	37 307	55 580
	与港澳台商合作经营	32	8 523	12 920
	港澳台商独资	78	18 411	29 152
	港澳台商投资股份有限公司	23	4 948	8 155
	中外合资经营	108	25 353	39 150
	中外合作经营	29	8 005	11 971
	外资企业	71	16 837	25 624
	外商投资股份有限公司	18	3 766	6 189
饭店星级	**合　计**	**11 676**	**1 474 889**	**2 586 298**
	五星级	615	217 563	323 759
	四星级	2 148	424 643	734 768
	三星级	5 473	610 598	1 110 285
	二星级	3 276	214 368	402 683
	一星级	164	7 717	14 803

综合情况

客　房 出租率 （%）	营业收入 （万元）	营业税金 及 附 加 （万元）	固定资产 原　　价 （万元）
61.07	**23 148 244.44**	**1 478 395.89**	**45 871 264.65**
60.86	7 130 935.97	391 564.35	16 838 966.62
57.66	577 554.69	33 659.54	1 168 434.76
61.88	395 488.02	22 494.84	686 678.43
53.98	9 977.28	567.79	37 496.52
58.30	12 947.73	655.77	28 861.67
53.30	12 545.80	711.31	39 263.62
61.03	6 171.20	346.80	25 545.80
62.27	1 143 021.81	65 704.26	1 901 801.78
62.16	3 210 875.15	243 677.03	5 642 583.60
61.18	1 302 361.73	76 846.11	2 340 454.49
59.79	1 381 234.45	105 441.91	2 135 995.85
62.36	437 065.75	25 844.39	632 528.90
61.35	2 606 369.01	171 793.81	3 983 472.28
59.64	269 415.83	19 408.24	444 848.27
62.07	1 277 686.20	111 351.89	2 275 026.91
63.67	1 040 710.23	58 089.57	2 375 007.62
62.72	269 872.51	13 980.70	362 393.40
63.45	518 559.25	30 663.05	1 028 929.77
57.47	120 244.95	6 598.02	257 341.39
65.26	741 465.68	48 053.84	1 611 016.89
58.95	177 908.51	10 087.29	396 580.41
63.55	412 577.22	35 846.35	1 371 088.48
65.08	93 255.49	5 009.01	286 947.19
61.07	**23 148 244.44**	**1 478 395.89**	**45 871 264.65**
61.93	7 309 385.64	493 527.12	16 322 758.18
62.82	7 884 769.42	520 904.49	15 591 901.06
60.82	6 584 411.19	382 334.73	11 768 364.40
57.77	1 339 371.19	79 513.00	2 129 877.30
52.13	30 307.01	2 116.56	58 363.70

5-2 全国星级饭店

地区	总计	国有企业	集体企业	股份合作企业	国有联营	集体联营	国有与集体联营	其他联营	国有独资公司	其他有限责任公司	股份有限公司	私营独资
总　计	**11 676**	**3 646**	**475**	**250**	**10**	**20**	**10**	**6**	**373**	**1 289**	**602**	**1 623**
北　京	565	174	38	17	0	0	1	0	14	164	14	13
天　津	100	35	5	1	0	0	0	0	0	38	4	0
河　北	395	170	24	5	1	0	1	0	0	42	15	41
山　西	301	116	9	13	0	0	0	0	0	25	29	40
内蒙古	227	62	10	1	0	0	0	0	1	33	10	46
辽　宁	409	143	17	5	0	2	1	1	1	35	12	49
吉　林	198	74	17	3	0	1	0	1	0	8	5	30
黑龙江	244	107	4	10	1	0	0	0	0	17	16	46
上　海	277	109	18	0	0	0	2	0	31	58	18	0
江　苏	723	132	32	12	0	0	0	0	292	11	46	153
浙　江	844	120	46	27	0	3	1	0	3	61	73	70
安　徽	390	123	12	13	0	0	0	0	0	38	28	59
福　建	377	120	11	6	0	0	0	1	1	26	10	28
江　西	336	128	3	7	0	0	0	0	0	25	24	41
山　东	869	309	46	22	0	4	1	1	0	90	66	82
河　南	343	125	27	12	1	1	0	0	1	36	25	37
湖　北	410	148	15	9	1	0	0	1	1	34	18	50
湖　南	454	125	7	13	0	0	0	0	0	18	22	124
广　东	959	131	30	9	3	1	0	0	23	245	42	95
广　西	317	94	10	5	1	0	0	0	0	20	14	64
海　南	153	47	2	6	1	2	0	0	0	30	3	11
重　庆	239	62	10	3	0	0	0	0	0	26	13	38
四　川	420	263	4	25	0	0	0	0	0	33	10	38
贵　州	289	98	3	3	1	0	0	0	0	19	10	77
云　南	563	149	25	7	0	5	0	1	2	30	25	184
西　藏	85	24	14	1	0	0	0	0	0	6	3	10
陕　西	302	128	10	3	0	0	0	0	1	50	15	19
甘　肃	296	117	16	4	0	0	3	0	0	17	18	56
青　海	96	29	4	2	0	0	0	0	0	13	3	26
宁　夏	66	18	0	0	0	0	0	0	1	10	2	9
新　疆	429	166	6	6	0	1	0	0	1	30	9	87

的注册登记类型

私营合伙	私营有限责任公司	私营股份有限公司	其他	与港澳台商合资经营	与港澳台商合作经营	港澳台商独资	港澳台商投资股份有限公司	中外合资经营	中外合作经营	外资企业	外商投资股份有限公司
349	**1 637**	**203**	**691**	**133**	**32**	**78**	**23**	**108**	**29**	**71**	**18**
7	68	5	1	30	2	2	0	13	2	0	0
0	0	0	16	0	0	0	0	0	0	1	0
3	53	6	27	3	0	0	0	2	0	1	1
4	45	4	13	2	0	1	0	0	0	0	0
4	38	3	17	0	0	1	0	0	0	0	1
3	58	4	33	9	3	5	1	15	1	8	3
0	34	4	18	1	0	0	0	0	0	2	0
1	27	3	9	1	0	1	0	0	0	1	0
0	0	0	24	13	1	3	0	0	0	0	0
0	0	0	13	5	1	5	0	12	2	6	1
110	253	18	31	2	0	3	11	4	1	1	6
7	67	6	27	3	0	2	1	1	0	3	0
25	73	11	19	7	0	12	0	12	4	10	1
12	51	17	18	1	0	2	0	3	0	4	0
7	136	15	65	7	0	3	0	11	0	3	1
3	40	7	20	3	0	0	0	3	2	0	0
18	63	8	29	3	2	4	0	3	0	3	0
25	65	23	17	6	0	3	2	0	0	4	0
44	104	18	111	17	21	21	7	13	12	10	2
18	65	2	12	3	0	5	0	1	2	1	0
0	18	1	16	6	1	2	1	4	0	2	0
10	47	6	18	3	0	0	0	0	0	2	1
2	41	2	1	1	0	0	0	0	0	0	0
10	43	7	16	1	0	0	0	1	0	0	0
8	65	10	38	2	0	1	0	4	0	6	1
10	10	1	4	0	0	0	0	1	0	1	0
5	32	5	24	1	1	1	0	3	3	1	0
1	42	10	10	0	0	1	0	1	0	0	0
2	10	0	6	1	0	0	0	0	0	0	0
0	20	1	4	0	0	0	0	0	0	1	0
10	69	6	35	2	0	0	0	1	0	0	0

5-3 全国星级饭店的地区分布

地区	饭店数 （家）	房间数 （间）	床位数 （张）	客房出租率 （%）	营业收入 （万元）	营业税金及附加 （万元）	固定资产原价 （万元）
总　计	**11 676**	**1 474 889**	**2 586 298**	**61.07**	**23 148 244.44**	**1 478 395.89**	**45 871 264.65**
北　京	565	112 840	191 598	62.04	2 629 386.00	141 738.00	5 968 018.30
天　津	100	16 850	27 462	50.36	260 395.38	14 589.73	424 634.30
河　北	395	49 805	91 516	54.58	701 236.48	77 405.61	1 568 590.22
山　西	301	32 512	58 280	63.14	491 489.29	27 310.24	945 417.69
内蒙古	227	23 577	42 182	56.00	305 866.97	16 009.56	618 964.80
辽　宁	409	53 050	89 647	59.10	728 990.91	39 607.21	1 934 751.09
吉　林	198	19 505	44 456	52.31	279 510.02	15 095.96	732 628.96
黑龙江	244	23 750	68 901	51.45	222 432.90	11 516.33	584 022.78
上　海	277	59 878	91 966	55.62	1 653 999.12	90 021.96	3 683 909.13
江　苏	723	90 785	150 568	61.65	1 794 858.69	97 159.83	2 924 764.64
浙　江	844	110 625	187 945	61.62	2 232 738.52	121 901.76	3 124 044.72
安　徽	390	43 479	79 684	58.29	526 657.67	32 695.24	1 046 196.83
福　建	377	52 008	85 841	62.88	884 461.49	52 031.06	1 256 125.81
江　西	336	38 836	69 839	59.14	324 455.82	17 151.64	615 566.10
山　东	869	100 593	176 268	67.09	1 634 194.79	83 820.98	3 269 404.91
河　南	343	41 752	75 921	60.98	456 821.20	25 025.19	834 645.26
湖　北	410	42 477	72 812	59.51	488 074.99	26 853.21	980 885.07
湖　南	454	54 756	96 624	75.15	768 583.61	38 418.42	1 473 131.24
广　东	959	140 252	228 244	59.22	2 619 945.16	315 617.46	4 592 444.15
广　西	317	40 763	72 208	62.95	435 354.72	24 393.36	871 524.66
海　南	153	27 551	48 258	64.95	381 841.24	20 861.72	965 437.78
重　庆	239	30 420	50 500	60.03	468 737.48	25 355.33	896 004.48
四　川	420	50 859	87 900	66.07	772 088.39	43 620.89	1 633 677.31
贵　州	289	23 703	41 317	65.67	214 406.40	14 563.51	350 914.85
云　南	563	52 194	95 459	59.28	402 461.26	26 452.52	1 214 276.93
西　藏	85	7 747	14 576	50.28	41 390.89	2 262.52	207 916.96
陕　西	302	40 390	73 373	64.75	540 228.35	29 351.14	1 043 700.11
甘　肃	296	27 848	51 886	57.16	230 721.79	11 703.76	519 585.90
青　海	96	10 308	19 339	50.69	77 704.16	4 196.31	185 390.97
宁　夏	66	7 592	13 111	55.16	94 325.91	4 558.17	265 862.62
新　疆	429	48 184	88 617	62.35	484 884.84	27 107.51	1 138 826.09

5-4 全国星级饭店的星级构成

单位：家

地区	星级饭店总　　数	五星级	四星级	三星级	二星级	一星级
总　计	**11 676**	**615**	**2 148**	**5 473**	**3 276**	**164**
北　京	565	59	120	202	168	16
天　津	100	10	30	46	13	1
河　北	395	16	107	187	82	3
山　西	301	15	57	130	99	0
内蒙古	227	8	18	76	117	8
辽　宁	409	17	68	212	108	4
吉　林	198	7	40	84	66	1
黑龙江	244	5	45	121	68	5
上　海	277	44	62	111	58	2
江　苏	723	61	186	321	155	0
浙　江	844	53	170	346	258	17
安　徽	390	15	88	162	123	2
福　建	377	24	110	184	58	1
江　西	336	7	73	187	68	1
山　东	869	29	152	484	203	1
河　南	343	11	49	173	106	4
湖　北	410	15	64	181	144	6
湖　南	454	15	47	212	170	10
广　东	959	92	170	567	126	4
广　西	317	13	45	169	90	0
海　南	153	18	44	74	13	4
重　庆	239	18	54	118	48	1
四　川	420	16	82	176	139	7
贵　州	289	3	37	127	111	11
云　南	563	15	55	162	306	25
西　藏	85	0	10	31	38	6
陕　西	302	8	39	173	82	0
甘　肃	296	3	41	136	105	11
青　海	96	2	11	45	36	2
宁　夏	66	1	16	44	5	0
新　疆	429	15	58	232	113	11

5-5 全国星级饭店的营业收入总额

单位：万元

地　区	营业收入		
		#客　房	#餐　饮
总　计	**23 148 244.44**	**9 823 811.10**	**9 684 146.66**
北　京	2 629 386.00	1 220 861.20	561 950.80
天　津	260 395.38	105 324.02	111 657.54
河　北	701 236.48	254 049.58	368 882.06
山　西	491 489.29	185 291.45	252 174.08
内蒙古	305 866.97	121 474.51	157 651.32
辽　宁	728 990.91	321 794.77	317 489.14
吉　林	279 510.02	115 715.52	144 515.61
黑龙江	222 432.90	115 860.70	86 894.98
上　海	1 653 999.12	774 356.28	650 352.45
江　苏	1 794 858.69	616 939.75	1 000 781.50
浙　江	2 232 738.52	769 841.37	1 005 178.88
安　徽	526 657.67	211 467.53	265 066.81
福　建	884 461.49	362 232.21	440 313.61
江　西	324 455.82	163 372.34	135 801.60
山　东	1 634 194.79	672 521.29	826 597.70
河　南	456 821.20	185 862.92	228 962.04
湖　北	488 074.99	227 100.30	205 938.12
湖　南	768 583.61	318 213.33	347 981.72
广　东	2 619 945.16	1 083 877.45	890 257.37
广　西	435 354.72	185 556.38	193 171.80
海　南	381 841.24	243 373.16	107 007.54
重　庆	468 737.48	196 093.80	214 732.29
四　川	772 088.39	352 666.90	312 386.96
贵　州	214 406.40	118 343.26	78 419.61
云　南	402 461.26	220 365.28	135 342.53
西　藏	41 390.89	24 649.47	10 150.14
陕　西	540 228.35	243 575.58	247 666.89
甘　肃	230 721.79	110 982.47	96 704.36
青　海	77 704.16	41 019.26	26 708.86
宁　夏	94 325.91	36 631.82	48 944.49
新　疆	484 884.84	224 397.21	214 463.85

5-6 全国星级饭店的营业收入构成

地 区	营业收入（万元）	#客房（%）	#餐饮（%）
总 计	**23 148 244.44**	**42.44**	**41.84**
北 京	2 629 386.00	46.43	21.37
天 津	260 395.38	40.45	42.88
河 北	701 236.48	36.23	52.60
山 西	491 489.29	37.70	51.31
内蒙古	305 866.97	39.71	51.54
辽 宁	728 990.91	44.14	43.55
吉 林	279 510.02	41.40	51.70
黑龙江	222 432.90	52.09	39.07
上 海	1 653 999.12	46.82	39.32
江 苏	1 794 858.69	34.37	55.76
浙 江	2 232 738.52	34.48	45.02
安 徽	526 657.67	40.15	50.33
福 建	884 461.49	40.96	49.78
江 西	324 455.82	50.35	41.86
山 东	1 634 194.79	41.15	50.58
河 南	456 821.20	40.69	50.12
湖 北	488 074.99	46.53	42.19
湖 南	768 583.61	41.40	45.28
广 东	2 619 945.16	41.37	33.98
广 西	435 354.72	42.62	44.37
海 南	381 841.24	63.74	28.02
重 庆	468 737.48	41.83	45.81
四 川	772 088.39	45.68	40.46
贵 州	214 406.40	55.20	36.58
云 南	402 461.26	54.75	33.63
西 藏	41 390.89	59.55	24.52
陕 西	540 228.35	45.09	45.84
甘 肃	230 721.79	48.10	41.91
青 海	77 704.16	52.79	34.37
宁 夏	94 325.91	38.84	51.89
新 疆	484 884.84	46.28	44.23

5-7 全国星级饭店每间客房的收益

地区	饭店数（家）	饭店规模		客房出租率（%）	每间客房年收入（万元）
		客房数（间）	床位数（张）		
总　计	**11 676**	**1 474 889**	**2 586 298**	**61.07**	**15.69**
北　京	565	112 840	191 598	62.04	23.30
天　津	100	16 850	27 462	50.36	15.45
河　北	395	49 805	91 516	54.58	14.08
山　西	301	32 512	58 280	63.14	15.12
内蒙古	227	23 577	42 182	56.00	12.97
辽　宁	409	53 050	89 647	59.10	13.74
吉　林	198	19 505	44 456	52.31	14.33
黑龙江	244	23 750	68 901	51.45	9.37
上　海	277	59 878	91 966	55.62	27.62
江　苏	723	90 785	150 568	61.65	19.77
浙　江	844	110 625	187 945	61.62	20.18
安　徽	390	43 479	79 684	58.29	12.11
福　建	377	52 008	85 841	62.88	17.01
江　西	336	38 836	69 839	59.14	8.35
山　东	869	100 593	176 268	67.09	16.25
河　南	343	41 752	75 921	60.98	10.94
湖　北	410	42 477	72 812	59.51	11.49
湖　南	454	54 756	96 624	75.15	14.04
广　东	959	140 252	228 244	59.22	18.68
广　西	317	40 763	72 208	62.95	10.68
海　南	153	27 551	48 258	64.95	13.86
重　庆	239	30 420	50 500	60.03	15.41
四　川	420	50 859	87 900	66.07	15.18
贵　州	289	23 703	41 317	65.67	9.05
云　南	563	52 194	95 459	59.28	7.71
西　藏	85	7 747	14 576	50.28	5.34
陕　西	302	40 390	73 373	64.75	13.38
甘　肃	296	27 848	51 886	57.16	8.29
青　海	96	10 308	19 339	50.69	7.54
宁　夏	66	7 592	13 111	55.16	12.42
新　疆	429	48 184	88 617	62.35	10.06

5-8 全国星级饭店的人均效益

地　区	全员劳动生产率（万元/人）	人均实现利润（万元/人）	人均占用固定资产原价（万元/人）	年末从业人员（人）
总　计	**15.02**	**0.40**	**29.76**	**1 542 751**
北　京	22.31	1.36	50.63	117 872
天　津	13.58	–1.16	22.15	19 170
河　北	11.21	–0.69	25.08	62 544
山　西	9.71	–0.57	18.67	50 636
内蒙古	12.27	–0.23	24.84	24 923
辽　宁	12.96	–0.22	34.40	56 245
吉　林	11.51	–0.65	30.18	24 275
黑龙江	9.91	0.37	26.01	22 455
上　海	26.10	2.09	58.12	63 381
江　苏	16.95	–0.04	27.63	105 868
浙　江	25.04	0.81	35.04	89 162
安　徽	12.24	0.30	24.31	43 033
福　建	14.35	0.86	20.38	61 643
江　西	9.98	0.19	18.93	32 517
山　东	13.94	0.09	27.89	117 218
河　南	9.69	–0.43	17.71	47 139
湖　北	11.83	–0.20	23.78	41 242
湖　南	12.77	0.43	24.47	60 190
广　东	15.90	0.78	27.86	164 812
广　西	12.12	0.02	24.26	35 931
海　南	16.80	3.61	42.48	22 729
重　庆	12.93	0.27	24.71	36 258
四　川	14.30	0.57	30.26	53 980
贵　州	10.20	0.45	16.69	21 027
云　南	9.96	0.51	30.04	40 419
西　藏	8.77	0.30	44.08	4 717
陕　西	11.80	0.32	22.80	45 778
甘　肃	9.00	0.07	20.28	25 623
青　海	10.73	0.25	25.59	7 245
宁　夏	10.82	–0.65	30.51	8 714
新　疆	13.47	–0.05	31.63	36 005

六、全国五星级饭店综合资料

6-1 全国五星级饭店

	饭店数（家）	房间数（张）	床位数（张）
合　计	**615**	**217 563**	**323 759**
国有企业	152	53 147	82 005
集体企业	6	2 106	3 238
股份合作企业	4	1 653	2 634
国有联营	1	196	361
集体联营	—	—	—
国有与集体联营	—	—	—
其他联营	—	—	—
国有独资公司	33	11 040	15 706
其他有限责任公司	93	32 722	47 591
股份有限公司	29	9 586	15 158
私营独资	31	9 861	14 547
私营合伙	11	3 419	4 857
私营有限责任公司	56	16 855	26 026
私营股份有限公司	11	3 086	5 083
其他	39	13 142	19 364
与港澳台商合资经营	41	18 574	25 883
与港澳台商合作经营	8	3 991	5 232
港澳台商独资	19	7 789	11 581
港澳台商投资股份有限公司	8	2 490	4 105
中外合资经营	32	11 748	17 018
中外合作经营	9	3 950	5 512
外资企业	26	9 921	14 178
外商投资股份有限公司	6	2 287	3 680

综合情况

客　房 出租率 （%）	营业收入 （万元）	营业税金 及 附 加 （万元）	固定资产 原　　价 （万元）
61.93	**7 309 385.64**	**493 527.12**	**16 322 758.18**
62.22	1 728 998.17	94 074.56	4 952 079.43
59.35	52 183.05	2 912.37	93 176.20
75.29	66 811.66	3 696.69	97 181.05
59.43	3 633.20	202.60	15 933.20
—	—	—	—
—	—	—	—
—	—	—	—
62.14	347 372.55	22 412.03	771 236.40
64.10	1 112 604.01	85 525.63	2 165 152.15
59.25	342 731.75	20 695.74	688 389.50
63.69	282 213.10	27 040.89	321 298.61
63.88	109 598.53	5 912.15	248 338.87
60.67	499 032.61	40 085.71	886 164.76
53.25	53 882.88	3 161.03	126 085.65
63.97	395 402.21	45 489.36	799 179.37
62.79	707 548.94	38 656.85	1 631 502.52
62.34	191 801.35	9 492.15	200 469.01
63.96	339 201.58	18 851.29	625 958.15
57.46	78 543.25	4 336.29	188 075.91
63.88	469 078.46	29 780.95	950 502.70
57.23	112 081.24	6 436.42	208 490.87
64.33	338 139.50	30 568.60	1 101 077.47
64.35	78 527.58	4 195.81	252 466.37

6-2 全国五星级饭店

地区	总计	国有企业	集体企业	股份合作企业	国有联营	集体联营	国有与集体联营	其他联营	国有独资公司	其他有限责任公司	股份有限公司	私营独资
总　计	**615**	**152**	**6**	**4**	**1**	**0**	**0**	**0**	**33**	**93**	**29**	**31**
北　京	59	9	0	2	0	0	0	0	1	14	2	0
天　津	10	1	0	0	0	0	0	0	0	6	0	0
河　北	16	7	0	0	0	0	0	0	0	0	0	3
山　西	15	2	0	0	0	0	0	0	0	4	2	3
内蒙古	8	3	0	0	0	0	0	0	0	1	0	0
辽　宁	17	5	0	0	0	0	0	0	0	1	0	0
吉　林	7	1	0	0	0	0	0	0	0	1	1	0
黑龙江	5	0	0	0	0	0	0	0	0	0	1	2
上　海	44	13	1	0	0	0	0	0	6	13	1	0
江　苏	61	12	2	1	0	0	0	0	23	2	4	4
浙　江	53	10	0	0	0	0	0	0	0	2	5	3
安　徽	15	6	0	0	0	0	0	0	0	1	2	0
福　建	24	8	0	0	0	0	0	0	0	1	1	1
江　西	7	4	0	0	0	0	0	0	0	1	0	1
山　东	29	9	1	0	0	0	0	0	0	6	2	0
河　南	11	3	0	0	1	0	0	0	0	3	0	0
湖　北	15	3	0	0	0	0	0	0	0	1	1	2
湖　南	15	8	0	0	0	0	0	0	0	1	2	0
广　东	92	5	1	0	0	0	0	0	2	21	2	6
广　西	13	6	0	1	0	0	0	0	0	0	0	0
海　南	18	6	0	0	0	0	0	0	0	3	0	0
重　庆	18	3	0	0	0	0	0	0	0	2	1	4
四　川	16	11	0	0	0	0	0	0	0	2	0	0
贵　州	3	2	0	0	0	0	0	0	0	1	0	0
云　南	15	4	0	0	0	0	0	0	1	3	2	1
西　藏	0	0	0	0	0	0	0	0	0	0	0	0
陕　西	8	2	0	0	0	0	0	0	0	1	0	0
甘　肃	3	1	0	0	0	0	0	0	0	0	0	0
青　海	2	1	0	0	0	0	0	0	0	1	0	0
宁　夏	1	1	0	0	0	0	0	0	0	0	0	0
新　疆	15	6	1	0	0	0	0	0	0	1	0	1

的注册登记类型

私营合伙	私营有限责任公司	私营股份有限公司	其他	与港澳台商合资经营	与港澳台商合作经营	港澳台商独资	港澳台商投资股份有限公司	中外合资经营	中外合作经营	外资企业	外商投资股份有限公司
11	**56**	**11**	**39**	**41**	**8**	**19**	**8**	**32**	**9**	**26**	**6**
1	1	3	0	14	2	1	0	7	2	0	0
0	0	0	3	0	0	0	0	0	0	0	0
0	5	0	0	0	0	0	0	1	0	0	0
0	3	0	1	0	0	0	0	0	0	0	0
0	1	0	1	0	0	1	0	0	0	0	1
0	1	1	1	3	1	1	0	1	0	1	1
0	1	0	2	0	0	0	0	0	0	1	0
0	0	1	0	0	0	0	0	0	0	1	0
0	0	0	5	3	1	1	0	0	0	0	0
0	0	0	1	2	0	1	0	4	0	4	1
4	16	0	1	2	0	2	5	2	0	0	1
0	0	2	2	0	0	1	0	0	0	1	0
1	2	0	0	0	0	2	0	3	2	3	0
0	1	0	0	0	0	0	0	0	0	0	0
0	3	1	2	2	0	0	0	2	0	1	0
0	0	0	1	2	0	0	0	0	1	0	0
1	1	0	1	0	1	2	0	1	0	1	0
0	2	0	1	0	0	0	0	0	0	1	0
3	10	2	12	4	3	4	2	5	3	6	1
0	1	0	0	1	0	2	0	1	0	1	0
0	0	0	1	4	0	0	1	2	0	1	0
1	0	0	2	2	0	0	0	0	0	2	1
0	3	0	0	0	0	0	0	0	0	0	0
0	0	0	0	0	0	0	0	0	0	0	0
0	1	0	1	1	0	0	0	0	0	1	0
0	0	0	0	0	0	0	0	0	0	0	0
0	0	0	0	0	0	1	0	2	1	1	0
0	1	1	0	0	0	0	0	0	0	0	0
0	0	0	0	0	0	0	0	0	0	0	0
0	0	0	0	0	0	0	0	0	0	0	0
0	3	0	1	1	0	0	0	1	0	0	0

6-3 全国五星级饭店的地区分布

地区	饭店数（家）	房间数（间）	床位数（张）	客房出租率（%）	营业收入（万元）	营业税金及附加（万元）	固定资产原价（万元）
总计	**615**	**217 563**	**323 759**	**61.93**	**7 309 385.64**	**493 527.12**	**16 322 758.18**
北京	59	27 584	40 616	64.49	1 147 662.30	61 146.90	2 773 754.10
天津	10	3 304	4 640	42.88	67 069.68	3 768.22	71 160.49
河北	16	4 747	7 306	52.86	124 010.83	7 334.87	500 649.07
山西	15	3 968	6 502	61.27	92 501.81	4 686.64	186 844.09
内蒙古	8	3 171	4 749	66.07	99 880.24	5 528.88	205 523.82
辽宁	17	6 554	9 493	62.76	181 097.67	10 221.97	429 890.81
吉林	7	2 330	3 512	56.81	62 596.20	3 391.30	197 194.10
黑龙江	5	1 184	1 691	68.57	42 815.64	2 382.15	52 916.58
上海	44	19 599	27 045	59.96	897 241.93	50 158.55	1 922 124.68
江苏	61	18 413	26 620	61.96	579 273.13	32 197.26	1 151 857.77
浙江	53	15 904	24 782	59.32	600 206.08	32 359.45	1 154 452.14
安徽	15	4 367	7 115	57.28	84 576.59	4 846.10	241 411.31
福建	24	7 607	10 810	66.51	267 370.46	15 214.87	397 415.04
江西	7	1 855	2 731	66.70	41 393.93	2 246.36	109 980.70
山东	29	9 838	14 489	65.62	310 998.89	16 509.81	892 089.16
河南	11	2 965	4 625	55.64	86 425.00	4 338.80	192 692.19
湖北	15	4 565	6 196	63.04	119 404.36	6 598.60	259 818.14
湖南	15	5 662	9 155	76.35	214 540.53	11 301.32	486 682.22
广东	92	35 488	52 128	60.38	1 154 028.10	157 601.74	2 196 371.20
广西	13	4 635	7 924	61.31	114 592.80	6 000.87	354 366.07
海南	18	7 399	11 417	63.39	242 521.79	13 304.03	579 151.49
重庆	18	6 068	8 510	65.79	186 383.92	9 958.02	395 430.54
四川	16	5 351	8 458	63.50	194 145.31	10 778.01	444 121.57
贵州	3	848	1 178	58.25	25 727.60	1 449.70	25 648.70
云南	15	4 943	7 933	66.74	99 436.83	5 445.43	307 518.05
西藏	—	—	—	—	—	—	—
陕西	8	3 714	5 607	66.11	103 654.10	5 288.19	266 329.70
甘肃	3	566	946	62.50	14 310.35	777.59	53 594.13
青海	2	707	1 120	51.29	18 650.49	1 033.96	34 171.16
宁夏	1	482	587	41.23	9 139.00	0.00	69 559.10
新疆	15	3 745	5 874	58.52	127 730.05	7 657.54	370 040.06

6-4 全国五星级饭店的营业收入总额

单位：万元

地 区	营业收入	#客 房	#餐 饮
总 计	**7 309 385.64**	**3 249 504.86**	**2 865 650.38**
北 京	1 147 662.30	535 822.90	231 702.40
天 津	67 069.68	30 820.43	16 143.61
河 北	124 010.83	47 025.06	62 616.89
山 西	92 501.81	36 482.32	44 577.54
内蒙古	99 880.24	38 143.99	53 704.96
辽 宁	181 097.67	81 582.54	75 368.31
吉 林	62 596.20	29 796.30	27 317.00
黑龙江	42 815.64	24 802.44	16 117.58
上 海	897 241.93	443 214.05	364 250.55
江 苏	579 273.13	228 635.86	304 195.10
浙 江	600 206.08	210 303.18	312 956.59
安 徽	84 576.59	36 283.25	41 383.84
福 建	267 370.46	109 572.58	132 893.97
江 西	41 393.93	19 102.54	17 951.97
山 东	310 998.89	146 357.63	134 441.32
河 南	86 425.00	37 096.90	39 194.50
湖 北	119 404.36	62 569.00	48 762.71
湖 南	214 540.53	71 377.89	108 891.61
广 东	1 154 028.10	491 261.66	354 144.51
广 西	114 592.80	49 808.97	47 529.92
海 南	242 521.79	157 756.02	66 348.26
重 庆	186 383.92	76 111.30	86 992.93
四 川	194 145.31	87 086.90	109 433.30
贵 州	25 727.60	13 822.00	10 000.00
云 南	99 436.83	57 436.49	35 153.04
西 藏	—	—	—
陕 西	103 654.10	58 434.23	40 954.91
甘 肃	14 310.35	7 395.26	5 324.68
青 海	18 650.49	10 915.99	6 423.63
宁 夏	9 139.00	4 995.60	2 824.10
新 疆	127 730.05	45 491.58	68 050.65

6-5 全国五星级饭店的营业收入构成

地区	营业收入（万元）	#客房（%）	#餐饮（%）
总　计	**7 309 385.64**	**44.46**	**39.21**
北　京	1 147 662.30	46.69	20.19
天　津	67 069.68	45.95	24.07
河　北	124 010.83	37.92	50.49
山　西	92 501.81	39.44	48.19
内蒙古	99 880.24	38.19	53.77
辽　宁	181 097.67	45.05	41.62
吉　林	62 596.20	47.60	43.64
黑龙江	42 815.64	57.93	37.64
上　海	897 241.93	49.40	40.60
江　苏	579 273.13	39.47	52.51
浙　江	600 206.08	35.04	52.14
安　徽	84 576.59	42.90	48.93
福　建	267 370.46	40.98	49.70
江　西	41 393.93	46.15	43.37
山　东	310 998.89	47.06	43.23
河　南	86 425.00	42.92	45.35
湖　北	119 404.36	52.40	40.84
湖　南	214 540.53	33.27	50.76
广　东	1 154 028.10	42.57	30.69
广　西	114 592.80	43.47	41.48
海　南	242 521.79	65.05	27.36
重　庆	186 383.92	40.84	46.67
四　川	194 145.31	44.86	56.37
贵　州	25 727.60	53.72	38.87
云　南	99 436.83	57.76	35.35
西　藏	—	—	—
陕　西	103 654.10	56.37	39.51
甘　肃	14 310.35	51.68	37.21
青　海	18 650.49	58.53	34.44
宁　夏	9 139.00	54.66	30.90
新　疆	127 730.05	35.62	53.28

6-6 全国五星级饭店每间客房的收益

地　区	饭店数（家）	饭店规模		客房出租率（%）	每间客房年收入（万元）
		客房数（间）	床位数（张）		
总　计	**615**	**217 563**	**323 759**	**61.93**	**33.60**
北　京	59	27 584	40 616	64.49	41.61
天　津	10	3 304	4 640	42.88	20.30
河　北	16	4 747	7 306	52.86	26.12
山　西	15	3 968	6 502	61.27	23.31
内蒙古	8	3 171	4 749	66.07	31.50
辽　宁	17	6 554	9 493	62.76	27.63
吉　林	7	2 330	3 512	56.81	26.87
黑龙江	5	1 184	1 691	68.57	36.16
上　海	44	19 599	27 045	59.96	45.78
江　苏	61	18 413	26 620	61.96	31.46
浙　江	53	15 904	24 782	59.32	37.74
安　徽	15	4 367	7 115	57.28	19.37
福　建	24	7 607	10 810	66.51	35.15
江　西	7	1 855	2 731	66.70	22.31
山　东	29	9 838	14 489	65.62	31.61
河　南	11	2 965	4 625	55.64	29.15
湖　北	15	4 565	6 196	63.04	26.16
湖　南	15	5 662	9 155	76.35	37.89
广　东	92	35 488	52 128	60.38	32.52
广　西	13	4 635	7 924	61.31	24.72
海　南	18	7 399	11 417	63.39	32.78
重　庆	18	6 068	8 510	65.79	30.72
四　川	16	5 351	8 458	63.50	36.28
贵　州	3	848	1 178	58.25	30.34
云　南	15	4 943	7 933	66.74	20.12
西　藏	—	—	—	—	—
陕　西	8	3 714	5 607	66.11	27.91
甘　肃	3	566	946	62.50	25.28
青　海	2	707	1 120	51.29	26.38
宁　夏	1	482	587	41.23	18.96
新　疆	15	3 745	5 874	58.52	34.11

6-7 全国五星级饭店的人均效益

地　区	全员劳动生产率（万元/人）	人均实现利润（万元/人）	人均占用固定资产原价（万元/人）	年末从业人员（人）
总　计	**23.53**	**2.09**	**52.54**	**310 662**
北　京	29.70	3.30	71.79	38 637
天　津	16.37	–1.76	17.37	4 097
河　北	16.82	–3.72	67.88	7 375
山　西	16.59	–0.82	33.51	5 576
内蒙古	20.91	0.48	43.03	4 776
辽　宁	11.52	0.86	27.35	15 716
吉　林	19.85	–0.73	62.54	3 153
黑龙江	26.11	7.51	32.27	1 640
上　海	36.52	6.00	78.23	24 569
江　苏	23.43	0.82	46.59	24 722
浙　江	40.16	3.63	77.24	14 946
安　徽	15.45	0.02	44.11	5 473
福　建	22.24	2.69	33.05	12 023
江　西	14.38	0.75	38.20	2 879
山　东	20.53	0.98	58.90	15 145
河　南	16.52	–0.33	36.83	5 232
湖　北	20.71	0.35	45.07	5 765
湖　南	22.46	0.99	50.96	9 550
广　东	21.23	1.81	40.41	54 346
广　西	18.52	0.33	57.28	6 187
海　南	25.80	8.74	61.62	9 399
重　庆	16.81	0.76	35.66	11 088
四　川	26.17	3.58	59.85	7 420
贵　州	19.59	3.37	19.53	1 313
云　南	16.29	2.99	50.38	6 104
西　藏	—	—	—	—
陕　西	24.27	3.86	62.36	4 271
甘　肃	13.14	0.19	49.21	1 089
青　海	18.00	1.00	32.98	1 036
宁　夏	19.04	0.05	144.91	480
新　疆	19.19	–0.18	55.60	6 655

七、全国四星级饭店综合资料

7–1 全国四星级饭店

饭店注册登记类型	饭店数（家）	房间数（张）	床位数（张）
合　计	**2 148**	**424 643**	**734 768**
国有企业	658	132 457	250 896
集体企业	50	7 840	13 495
股份合作企业	55	9 362	16 080
国有联营	1	183	292
集体联营	2	366	610
国有与集体联营	1	151	290
其他联营	1	116	198
国有独资公司	109	22 907	35 893
其他有限责任公司	300	62 485	102 909
股份有限公司	137	28 597	47 834
私营独资	137	22 021	37 076
私营合伙	35	6 394	10 432
私营有限责任公司	323	57 967	99 131
私营股份有限公司	45	8 703	15 346
其他	131	24 951	41 021
与港澳台商合资经营	43	12 026	18 410
与港澳台商合作经营	10	2 767	4 821
港澳台商独资	33	7 579	12 451
港澳台商投资股份有限公司	6	1 054	1 553
中外合资经营	42	9 819	15 332
中外合作经营	9	2 680	4 089
外资企业	19	4 005	6 242
外商投资股份有限公司	1	213	367

综合情况

客房出租率（%）	营业收入（万元）	营业税金及附加（万元）	固定资产原价（万元）
62.82	**7 884 769.42**	**520 904.49**	**15 591 901.06**
63.32	2 571 448.16	143 882.23	5 925 979.03
61.48	154 698.13	9 308.90	367 579.66
57.87	156 988.34	8 474.95	310 419.41
44.53	2 167.10	120.50	10 660.80
45.89	3 974.90	223.30	5 357.60
30.45	2 848.94	161.74	24 269.53
36.07	920.90	77.70	18 124.40
65.07	501 121.82	27 661.49	773 743.23
63.83	1 108 122.79	99 724.44	1 940 700.24
63.13	557 378.81	31 164.81	979 431.48
60.92	353 630.24	26 559.90	634 886.38
61.07	115 251.01	7 747.38	150 491.79
61.60	986 247.42	66 661.93	1 481 586.87
59.13	122 856.77	9 727.91	193 934.16
68.56	431 427.09	39 486.62	792 003.33
66.56	250 013.47	13 759.74	545 177.05
65.10	55 224.85	3 082.19	141 405.05
63.92	148 414.12	10 064.63	345 188.89
63.93	27 054.70	1 499.57	46 088.30
67.78	226 654.58	15 540.95	544 632.75
63.15	51 600.22	2 580.50	137 635.00
61.23	55 102.54	3 308.79	216 738.11
43.93	1 622.50	84.33	5 868.00

7-2 全国四星级饭店

地 区	总计	国有企业	集体企业	股份合作企业	国有联营	集体联营	国有与集体联营	其他联营	国有独资公司	其他有限责任公司	股份有限公司	私营独资
总 计	**2 148**	**658**	**50**	**55**	**1**	**2**	**1**	**1**	**109**	**300**	**137**	**137**
北 京	120	32	4	1	0	0	0	0	4	45	5	1
天 津	30	7	1	0	0	0	0	0	0	13	2	0
河 北	107	37	3	1	1	0	0	0	0	16	4	9
山 西	57	11	2	3	0	0	0	0	0	11	5	7
内蒙古	18	7	0	0	0	0	0	0	1	3	0	2
辽 宁	68	15	1	2	0	0	0	0	1	6	1	4
吉 林	40	16	1	0	0	1	0	0	0	3	0	6
黑龙江	45	25	1	4	0	0	0	0	0	4	2	6
上 海	62	22	1	0	0	0	1	0	12	9	6	0
江 苏	186	37	6	3	0	0	0	0	86	4	9	24
浙 江	170	21	10	8	0	0	0	0	0	18	27	7
安 徽	88	31	2	7	0	0	0	0	0	10	10	7
福 建	110	31	1	1	0	0	0	0	0	8	3	10
江 西	73	22	1	1	0	0	0	0	0	10	4	4
山 东	152	66	5	1	0	1	0	0	0	17	20	1
河 南	49	19	1	2	0	0	0	0	0	6	2	3
湖 北	64	25	1	1	0	0	0	1	1	5	3	5
湖 南	47	21	1	0	0	0	0	0	0	4	4	1
广 东	170	21	3	1	0	0	0	0	4	45	10	8
广 西	45	12	0	0	0	0	0	0	0	2	4	2
海 南	44	8	0	5	0	0	0	0	0	12	1	2
重 庆	54	18	2	0	0	0	0	0	0	6	1	5
四 川	82	53	0	7	0	0	0	0	0	6	2	3
贵 州	37	10	0	1	0	0	0	0	0	7	2	2
云 南	55	20	0	2	0	0	0	0	0	4	5	7
西 藏	10	5	0	1	0	0	0	0	0	1	2	0
陕 西	39	15	0	0	0	0	0	0	0	11	0	1
甘 肃	41	20	2	1	0	0	0	0	0	1	0	1
青 海	11	4	1	0	0	0	0	0	0	2	1	0
宁 夏	16	4	0	0	0	0	0	0	0	4	0	1
新 疆	58	23	0	2	0	0	0	0	0	6	2	8

的注册登记类型

私营合伙	私营有限责任公司	私营股份有限公司	其他	与港澳台商合资经营	与港澳台商合作经营	港澳台商独资	港澳台商投资股份有限公司	中外合资经营	中外合作经营	外资企业	外商投资股份有限公司
35	**323**	**45**	**131**	**43**	**10**	**33**	**6**	**42**	**9**	**19**	**1**
1	9	0	0	11	0	1	0	6	0	0	0
0	0	0	6	0	0	0	0	0	0	1	0
3	17	4	9	3	0	0	0	0	0	0	0
0	13	0	4	1	0	0	0	0	0	0	0
1	3	0	1	0	0	0	0	0	0	0	0
0	14	2	6	2	1	3	0	7	1	2	0
0	4	3	5	1	0	0	0	0	0	0	0
0	1	0	2	0	0	0	0	0	0	0	0
0	0	0	4	6	0	1	0	0	0	0	0
0	0	0	1	2	0	4	0	7	1	2	0
6	55	3	8	0	0	1	4	1	0	0	1
0	13	0	6	0	0	0	0	1	0	1	0
6	21	6	5	2	0	7	0	4	2	3	0
0	13	4	6	0	0	2	0	3	0	3	0
0	20	4	10	3	0	1	0	2	0	1	0
1	3	3	4	1	0	0	0	3	1	0	0
1	13	0	3	2	1	1	0	0	0	1	0
0	7	4	2	2	0	0	0	0	0	1	0
10	23	2	15	2	7	9	2	4	2	2	0
1	19	0	2	1	0	1	0	0	1	0	0
0	6	0	6	2	0	0	0	2	0	0	0
0	15	2	5	0	0	0	0	0	0	0	0
1	9	1	0	0	0	0	0	0	0	0	0
0	8	2	4	0	0	0	0	1	0	0	0
1	9	2	3	0	0	1	0	0	0	1	0
0	0	1	0	0	0	0	0	0	0	0	0
1	2	0	6	1	1	0	0	0	1	0	0
0	11	2	1	0	0	1	0	1	0	0	0
0	1	0	1	1	0	0	0	0	0	0	0
0	5	0	1	0	0	0	0	0	0	1	0
2	9	0	6	0	0	0	0	0	0	0	0

7–3　全国四星级饭店的地区分布

地　区	饭店数（家）	房间数（间）	床位数（张）	客房出租率（%）	营业收入（万元）	营业税金及附加（万元）	固定资产原价（万元）
总　计	**2 148**	**424 643**	**734 768**	**62.82**	**7 884 769.42**	**520 904.49**	**15 591 901.06**
北　京	120	35 013	57 609	65.01	819 093.80	44 681.10	1 945 635.40
天　津	30	6 520	10 264	52.35	107 874.56	6 052.45	234 153.62
河　北	107	17 511	31 382	57.50	302 630.63	54 504.04	609 444.43
山　西	57	8 271	13 828	65.64	147 670.67	8 101.50	310 958.08
内蒙古	18	3 244	5 275	59.62	61 452.20	3 289.03	169 381.32
辽　宁	68	14 378	21 805	64.25	259 698.14	14 870.68	828 416.05
吉　林	40	6 139	11 795	55.98	126 913.00	6 523.20	317 370.10
黑龙江	45	7 391	37 490	52.14	91 435.21	4 810.17	314 332.64
上　海	62	18 777	28 258	56.97	465 616.68	24 591.16	892 209.54
江　苏	186	34 004	55 283	62.15	727 023.15	39 659.92	1 199 426.26
浙　江	170	34 622	56 974	64.07	886 448.73	49 726.48	1 075 331.14
安　徽	88	14 852	26 508	58.88	226 707.65	16 463.86	453 230.64
福　建	110	20 636	33 368	63.24	383 180.86	21 455.80	552 974.58
江　西	73	12 984	22 864	59.97	136 854.37	7 486.80	242 285.66
山　东	152	27 871	45 497	67.90	612 644.25	30 067.98	1 156 670.70
河　南	49	9 965	16 454	59.64	122 817.62	6 982.45	230 834.86
湖　北	64	11 583	19 494	58.93	172 868.02	9 304.30	370 406.43
湖　南	47	11 543	19 791	78.34	211 869.00	10 471.03	450 965.70
广　东	170	35 176	58 732	60.77	672 360.36	84 959.46	1 236 759.63
广　西	45	9 633	16 900	62.65	143 961.26	7 609.14	218 223.03
海　南	44	10 389	18 558	69.19	90 214.83	4 945.82	264 082.01
重　庆	54	9 153	14 819	64.96	155 534.17	8 389.52	312 805.51
四　川	82	14 696	24 605	69.75	269 871.54	15 499.26	642 074.03
贵　州	37	6 244	10 076	71.58	86 178.82	5 932.07	102 559.98
云　南	55	10 552	18 444	63.65	129 721.94	7 737.52	374 579.02
西　藏	10	2 386	4 143	49.40	21 187.40	1 124.80	97 523.10
陕　西	39	9 536	16 148	67.23	180 720.14	10 973.85	359 384.02
甘　肃	41	6 257	11 003	59.30	72 241.19	3 888.28	166 303.42
青　海	11	1 768	3 176	41.18	27 089.28	1 525.54	45 334.58
宁　夏	16	2 301	3 816	54.62	36 647.19	1 978.56	94 155.04
新　疆	58	11 248	20 409	63.60	136 242.74	7 298.72	324 090.55

7-4 全国四星级饭店的营业收入总额

地　区	营业收入		
		#客房	#餐饮
总　计	**7 884 769.42**	**3 261 915.58**	**3 472 748.30**
北　京	819 093.80	382 890.00	177 613.20
天　津	107 874.56	45 313.75	27 666.48
河　北	302 630.63	109 021.01	153 656.32
山　西	147 670.67	52 187.11	79 685.43
内蒙古	61 452.20	25 078.17	33 284.06
辽　宁	259 698.14	109 308.42	116 705.68
吉　林	126 913.00	45 553.48	73 483.32
黑龙江	91 435.21	46 462.06	39 315.70
上　海	465 616.68	212 191.42	175 014.44
江　苏	727 023.15	240 225.28	415 050.17
浙　江	886 448.73	294 427.92	479 851.18
安　徽	226 707.65	94 393.04	110 460.51
福　建	383 180.86	159 831.26	192 470.32
江　西	136 854.37	69 806.66	53 045.55
山　东	612 644.25	240 692.98	310 928.74
河　南	122 817.62	55 009.38	55 632.64
湖　北	172 868.02	74 026.69	68 947.19
湖　南	211 869.00	91 837.40	99 196.47
广　东	672 360.36	274 518.29	251 344.30
广　西	143 961.26	57 492.60	68 816.62
海　南	90 214.83	57 418.10	25 265.10
重　庆	155 534.17	66 279.56	74 162.44
四　川	269 871.54	134 153.30	102 138.80
贵　州	86 178.82	45 211.38	35 660.67
云　南	129 721.94	65 844.63	44 684.77
西　藏	21 187.40	11 746.80	6 217.40
陕　西	180 720.14	76 909.40	85 205.35
甘　肃	72 241.19	37 140.99	27 121.19
青　海	27 089.28	10 459.87	12 919.60
宁　夏	36 647.19	13 768.00	20 236.18
新　疆	136 242.74	62 716.64	56 968.46

7-5 全国四星级饭店的营业收入构成

地　区	营业收入（万元）	#客房（%）	#餐饮（%）
总　计	**7 884 769.42**	**41.37**	**44.04**
北　京	819 093.80	46.75	21.68
天　津	107 874.56	42.01	25.65
河　北	302 630.63	36.02	50.77
山　西	147 670.67	35.34	53.96
内蒙古	61 452.20	40.81	54.16
辽　宁	259 698.14	42.09	44.94
吉　林	126 913.00	35.89	57.90
黑龙江	91 435.21	50.81	43.00
上　海	465 616.68	45.57	37.59
江　苏	727 023.15	33.04	57.09
浙　江	886 448.73	33.21	54.13
安　徽	226 707.65	41.64	48.72
福　建	383 180.86	41.71	50.23
江　西	136 854.37	51.01	38.76
山　东	612 644.25	39.29	50.75
河　南	122 817.62	44.79	45.30
湖　北	172 868.02	42.82	39.88
湖　南	211 869.00	43.35	46.82
广　东	672 360.36	40.83	37.38
广　西	143 961.26	39.94	47.80
海　南	90 214.83	63.65	28.01
重　庆	155 534.17	42.61	47.68
四　川	269 871.54	49.71	37.85
贵　州	86 178.82	52.46	41.38
云　南	129 721.94	50.76	34.45
西　藏	21 187.40	55.44	29.34
陕　西	180 720.14	42.56	47.15
甘　肃	72 241.19	51.41	37.54
青　海	27 089.28	38.61	47.69
宁　夏	36 647.19	37.57	55.22
新　疆	136 242.74	46.03	41.81

7-6 全国四星级饭店每间客房的收益

地 区	饭店数（家）	饭店规模		客房出租率（%）	每间客房年收入（万元）
		客房数（间）	床位数（张）		
总 计	**2 148**	**424 643**	**734 768**	**62.82**	**18.57**
北 京	120	35 013	57 609	65.01	23.39
天 津	30	6 520	10 264	52.35	16.55
河 北	107	17 511	31 382	57.50	17.28
山 西	57	8 271	13 828	65.64	17.85
内蒙古	18	3 244	5 275	59.62	18.94
辽 宁	68	14 378	21 805	64.25	18.06
吉 林	40	6 139	11 795	55.98	20.67
黑龙江	45	7 391	37 490	52.14	12.37
上 海	62	18 777	28 258	56.97	24.80
江 苏	186	34 004	55 283	62.15	21.38
浙 江	170	34 622	56 974	64.07	25.60
安 徽	88	14 852	26 508	58.88	15.26
福 建	110	20 636	33 368	63.24	18.57
江 西	73	12 984	22 864	59.97	10.54
山 东	152	27 871	45 497	67.90	21.98
河 南	49	9 965	16 454	59.64	12.32
湖 北	64	11 583	19 494	58.93	14.92
湖 南	47	11 543	19 791	78.34	18.35
广 东	170	35 176	58 732	60.77	19.11
广 西	45	9 633	16 900	62.65	14.94
海 南	44	10 389	18 558	69.19	8.68
重 庆	54	9 153	14 819	64.96	16.99
四 川	82	14 696	24 605	69.75	18.36
贵 州	37	6 244	10 076	71.58	13.80
云 南	55	10 552	18 444	63.65	12.29
西 藏	10	2 386	4 143	49.40	8.88
陕 西	39	9 536	16 148	67.23	18.95
甘 肃	41	6 257	11 003	59.30	11.55
青 海	11	1 768	3 176	41.18	15.32
宁 夏	16	2 301	3 816	54.62	15.93
新 疆	58	11 248	20 409	63.60	12.11

7–7 全国四星级饭店的人均效益

地 区	全员劳动生产率（万元/人）	人均实现利润（万元/人）	人均占用固定资产原价（万元/人）	年末从业人员（人）
总 计	**15.52**	**0.04**	**30.69**	**508 001**
北 京	22.07	1.04	52.43	37 107
天 津	13.21	–1.48	28.67	8 168
河 北	11.76	–0.18	23.68	25 732
山 西	9.86	–1.07	20.76	14 977
内蒙古	13.30	–0.88	36.65	4 621
辽 宁	17.08	–0.64	54.47	15 208
吉 林	13.37	–1.12	33.44	9 492
黑龙江	9.13	–0.70	31.40	10 010
上 海	22.71	0.74	43.51	20 504
江 苏	17.01	–0.47	28.06	42 743
浙 江	28.70	1.03	34.50	30 892
安 徽	13.56	0.45	27.11	16 718
福 建	14.31	0.68	20.65	26 783
江 西	10.35	–0.13	18.32	13 225
山 东	14.51	–0.34	27.40	42 209
河 南	10.80	–0.63	20.30	11 371
湖 北	12.48	–0.58	26.74	13 850
湖 南	14.47	0.42	30.80	14 640
广 东	15.39	0.41	28.31	43 692
广 西	13.47	–0.02	20.42	10 688
海 南	11.89	–0.04	34.82	7 585
重 庆	13.04	0.15	26.23	11 926
四 川	14.81	0.23	35.22	18 228
贵 州	11.71	0.11	13.94	7 359
云 南	11.12	0.21	32.10	11 668
西 藏	12.41	0.35	57.13	1 707
陕 西	13.31	0.28	26.48	13 574
甘 肃	9.21	0.03	21.21	7 841
青 海	11.66	0.05	19.52	2 323
宁 夏	10.97	–1.38	28.19	3 340
新 疆	13.87	–0.79	33.00	9 820

八、全国三星级饭店综合资料

8-1 全国三星级饭店

饭店注册登记类型	饭店数（家）	房间数（张）	床位数（张）
合　计	**5 473**	**610 598**	**1 110 285**
国有企业	1 711	206 978	390 910
集体企业	225	25 883	47 962
股份合作企业	117	12 226	21 756
国有联营	5	350	639
集体联营	10	905	1 544
国有与集体联营	4	504	961
其他联营	3	314	499
国有独资公司	161	17 675	30 704
其他有限责任公司	640	74 785	132 299
股份有限公司	298	32 975	58 711
私营独资	709	62 672	113 722
私营合伙	149	15 993	27 067
私营有限责任公司	851	94 477	169 129
私营股份有限公司	90	9 042	16 324
其他	346	35 157	62 664
与港澳台商合资经营	41	6 204	10 380
与港澳台商合作经营	11	1 650	2 642
港澳台商独资	23	2 963	4 972
港澳台商投资股份有限公司	9	1 404	2 497
中外合资经营	30	3 486	6 248
中外合作经营	11	1 375	2 370
外资企业	19	2 372	4 259
外商投资股份有限公司	10	1 208	2 026

综合情况

客房出租率（%）	营业收入（万元）	营业税金及附加（万元）	固定资产原价（万元）
60.82	**6 584 411.19**	**382 334.73**	**11 768 364.40**
60.78	2 313 102.63	124 408.14	4 982 089.10
57.33	290 388.81	17 246.52	580 589.84
64.21	142 319.40	8 347.32	210 195.63
63.46	3 409.68	193.99	9 400.28
64.70	7 687.16	365.01	20 234.71
54.66	6 238.46	353.67	11 423.79
74.81	5 211.10	268.10	6 365.40
59.15	253 082.20	13 695.07	324 026.18
60.51	862 968.21	51 587.95	1 411 000.78
61.10	343 822.02	18 674.79	600 736.98
59.77	548 972.41	38 941.22	811 741.40
62.96	155 426.54	9 318.66	172 024.78
61.59	962 110.05	56 408.50	1 423 898.57
63.94	73 996.53	5 088.05	98 937.81
60.05	380 719.14	21 802.86	582 812.43
61.95	80 388.35	5 554.86	187 483.23
58.52	21 650.42	1 336.80	18 505.28
60.95	30 657.14	1 732.83	57 676.13
53.30	14 647.00	762.16	23 177.18
63.71	43 216.43	2 606.94	108 791.14
55.79	14 227.05	1 070.37	50 454.54
63.47	17 344.16	1 859.96	50 009.80
69.75	12 826.31	710.97	26 789.42

8-2 全国三星级饭店

地 区	总计	国有企业	集体企业	股份合作企业	国有联营	集体联营	国有与集体联营	其他联营	国有独资公司	其他有限责任公司	股份有限公司	私营独资
总 计	**5 473**	**1 711**	**225**	**117**	**5**	**10**	**4**	**3**	**161**	**640**	**298**	**709**
北 京	202	81	20	3	0	0	0	0	5	58	3	4
天 津	46	20	3	1	0	0	0	0	0	15	1	0
河 北	187	80	13	4	0	0	1	0	0	19	9	19
山 西	130	54	4	3	0	0	0	0	0	7	15	13
内蒙古	76	23	4	0	0	0	0	0	0	11	6	11
辽 宁	212	80	6	2	0	2	1	1	0	17	6	27
吉 林	84	30	12	1	0	0	0	0	0	1	3	11
黑龙江	121	48	2	5	1	0	0	0	0	10	9	19
上 海	111	52	11	0	0	0	1	0	8	21	6	0
江 苏	321	59	11	8	0	0	0	0	127	4	21	80
浙 江	346	52	23	10	0	2	1	0	1	28	26	20
安 徽	162	46	3	5	0	0	0	0	0	18	8	25
福 建	184	53	5	3	0	0	0	1	0	16	6	11
江 西	187	66	2	4	0	0	0	0	0	11	16	33
山 东	484	170	27	12	0	3	0	1	0	53	28	42
河 南	173	55	11	5	0	0	0	0	1	23	15	20
湖 北	181	62	6	5	1	0	0	0	0	18	12	20
湖 南	212	60	3	11	0	0	0	0	0	9	12	42
广 东	567	75	17	7	2	1	0	0	15	153	26	63
广 西	169	46	3	3	0	0	0	0	0	11	8	41
海 南	74	29	1	1	1	1	0	0	0	11	1	7
重 庆	118	32	3	2	0	0	0	0	0	15	8	14
四 川	176	113	3	12	0	0	0	0	0	12	6	14
贵 州	127	38	2	1	0	0	0	0	0	9	6	30
云 南	162	49	6	2	0	0	0	0	1	14	7	37
西 藏	31	12	2	0	0	0	0	0	0	3	1	2
陕 西	173	62	7	1	0	0	0	0	1	31	13	14
甘 肃	136	43	8	1	0	0	0	0	0	14	12	25
青 海	45	14	3	1	0	0	0	0	0	6	1	12
宁 夏	44	13	0	0	0	0	0	0	1	6	2	6
新 疆	232	94	4	4	0	1	0	0	1	16	5	47

的注册登记类型

私营合伙	私营有限责任公司	私营股份有限公司	其他	与港澳台商合资经营	与港澳台商合作经营	港澳台商独资	港澳台商投资股份有限公司	中外合资经营	中外合作经营	外资企业	外商投资股份有限公司
149	**851**	**90**	**346**	**41**	**11**	**23**	**9**	**30**	**11**	**19**	**10**
2	20	0	1	5	0	0	0	0	0	0	0
0	0	0	6	0	0	0	0	0	0	0	0
0	23	2	14	0	0	0	0	1	0	1	1
1	23	3	5	1	0	1	0	0	0	0	0
1	15	0	5	0	0	0	0	0	0	0	0
1	29	0	21	4	1	1	1	7	0	4	1
0	19	0	6	0	0	0	0	0	0	1	0
0	18	1	6	1	0	1	0	0	0	0	0
0	0	0	8	3	0	1	0	0	0	0	0
0	0	0	7	1	1	0	0	1	1	0	0
36	118	6	14	0	0	0	2	1	1	1	4
2	38	1	11	3	0	1	1	0	0	0	0
14	45	2	12	4	0	3	0	4	0	4	1
8	31	7	7	1	0	0	0	0	0	1	0
3	84	8	40	2	0	2	0	7	0	1	1
2	25	4	12	0	0	0	0	0	0	0	0
5	32	6	12	0	0	1	0	0	0	1	0
11	31	17	8	2	0	2	2	0	0	2	0
28	60	12	66	10	9	6	3	4	7	2	1
11	35	1	6	1	0	2	0	0	1	0	0
0	12	1	7	0	0	2	0	0	0	0	0
7	26	1	9	1	0	0	0	0	0	0	0
0	14	0	1	1	0	0	0	0	0	0	0
5	22	3	10	1	0	0	0	0	0	0	0
1	28	3	9	0	0	0	0	3	0	1	1
2	7	0	1	0	0	0	0	1	0	0	0
2	24	2	14	0	0	0	0	1	1	0	0
0	20	5	8	0	0	0	0	0	0	0	0
2	4	0	2	0	0	0	0	0	0	0	0
0	13	1	2	0	0	0	0	0	0	0	0
5	35	4	16	0	0	0	0	0	0	0	0

8-3　全国三星级饭店地区分布

地　区	饭店数（家）	房间数（间）	床位数（张）	客　房出租率（%）	营业收入（万元）	营业税金及附加（万元）	固定资产原　价（万元）
总　计	**5 473**	**610 598**	**1 110 285**	**60.82**	**6 584 411.19**	**382 334.73**	**11 768 364.40**
北　京	202	35 927	65 285	60.48	553 152.10	30 231.40	1 131 375.20
天　津	46	5 861	10 014	51.47	77 721.56	4 312.78	101 564.43
河　北	187	21 326	40 274	54.99	227 445.07	12 903.00	391 411.07
山　西	130	13 479	24 831	63.15	188 545.95	10 013.78	377 796.17
内蒙古	76	9 816	17 726	53.50	104 191.42	5 046.35	167 269.75
辽　宁	212	23 850	43 470	55.59	236 047.71	11 654.38	595 752.75
吉　林	84	7 514	22 013	51.07	70 691.51	4 309.01	162 969.04
黑龙江	121	11 257	21 755	50.15	74 648.70	3 598.55	185 802.85
上　海	111	16 851	28 410	49.21	248 124.83	12 959.98	773 342.24
江　苏	321	29 573	52 853	60.63	410 410.14	21 660.05	499 529.25
浙　江	346	40 676	71 216	61.42	606 561.86	32 763.75	763 975.31
安　徽	162	16 760	31 498	58.68	164 855.36	8 683.08	266 773.77
福　建	184	19 640	34 238	62.44	206 662.96	13 378.88	270 499.22
江　西	187	19 384	35 373	61.37	129 600.77	6 576.53	225 003.47
山　东	484	51 017	93 399	67.08	622 066.66	32 411.14	1 064 601.49
河　南	173	20 358	37 990	63.85	199 307.10	11 036.53	344 287.90
湖　北	181	17 205	30 639	60.82	146 175.94	7 643.74	272 716.31
湖　南	212	26 551	48 274	73.94	276 796.73	13 515.82	443 375.40
广　东	567	61 048	102 407	58.09	739 824.99	66 676.98	1 079 119.49
广　西	169	19 134	34 213	63.66	137 231.70	8 674.44	234 804.30
海　南	74	8 519	15 916	63.01	45 547.81	2 417.44	113 326.45
重　庆	118	12 148	21 769	58.12	112 588.65	6 058.86	153 941.08
四　川	176	20 247	35 874	65.10	227 821.60	13 253.28	430 926.30
贵　州	127	11 436	20 473	66.72	80 655.12	5 793.93	178 372.39
云　南	162	17 526	32 773	58.55	105 119.73	6 091.03	301 470.55
西　藏	31	3 113	5 785	49.35	13 185.46	806.80	77 247.25
陕　西	173	21 052	39 792	64.45	210 366.17	11 058.07	364 746.39
甘　肃	136	14 470	27 059	59.23	109 933.86	5 228.19	234 617.22
青　海	45	5 600	10 632	54.44	26 214.31	1 366.99	88 752.24
宁　夏	44	4 305	7 768	55.45	44 460.82	2 356.03	97 650.77
新　疆	232	24 955	46 566	64.36	188 454.57	9 853.91	375 344.34

8-4　全国三星级饭店的营业收入总额

地　区	营业收入		
		#客房	#餐饮
总　计	**6 584 411.19**	**2 686 905.22**	**2 946 907.74**
北　京	553 152.10	244 698.40	115 642.00
天　津	77 721.56	25 826.77	29 010.89
河　北	227 445.07	83 755.61	125 120.64
山　西	188 545.95	70 799.33	94 453.37
内蒙古	104 191.42	38 934.90	50 640.56
辽　宁	236 047.71	103 285.94	106 996.17
吉　林	70 691.51	31 796.68	34 310.62
黑龙江	74 648.70	36 347.87	26 501.17
上　海	248 124.83	98 856.89	97 313.12
江　苏	410 410.14	119 697.90	241 573.48
浙　江	606 561.86	207 261.73	356 085.57
安　徽	164 855.36	61 507.50	85 637.52
福　建	206 662.96	81 691.31	101 123.11
江　西	129 600.77	63 940.48	59 788.09
山　东	622 066.66	249 433.76	333 119.20
河　南	199 307.10	73 861.98	109 068.62
湖　北	146 175.94	66 546.60	66 182.09
湖　南	276 796.73	119 382.08	114 080.16
广　东	739 824.99	293 728.43	261 359.64
广　西	137 231.70	60 244.48	62 451.58
海　南	45 547.81	25 986.46	14 245.96
重　庆	112 588.65	47 922.99	47 864.57
四　川	227 821.60	96 059.50	98 299.50
贵　州	80 655.12	46 562.53	24 825.67
云　南	105 119.73	59 990.45	34 073.83
西　藏	13 185.46	8 951.44	2 807.05
陕　西	210 366.17	89 618.52	97 756.36
甘　肃	109 933.86	52 733.01	46 354.67
青　海	26 214.31	15 078.45	6 677.38
宁　夏	44 460.82	16 310.02	23 627.11
新　疆	188 454.57	96 093.20	79 918.07

8–5 全国三星级饭店的营业收入构成

地 区	营业收入（万元）	#客房（%）	#餐饮（%）
总 计	**6 584 411.19**	**40.81**	**44.76**
北 京	553 152.10	44.24	20.91
天 津	77 721.56	33.23	37.33
河 北	227 445.07	36.82	55.01
山 西	188 545.95	37.55	50.10
内蒙古	104 191.42	37.37	48.60
辽 宁	236 047.71	43.76	45.33
吉 林	70 691.51	44.98	48.54
黑龙江	74 648.70	48.69	35.50
上 海	248 124.83	39.84	39.22
江 苏	410 410.14	29.17	58.86
浙 江	606 561.86	34.17	58.71
安 徽	164 855.36	37.31	51.95
福 建	206 662.96	39.53	48.93
江 西	129 600.77	49.34	46.13
山 东	622 066.66	40.10	53.55
河 南	199 307.10	37.06	54.72
湖 北	146 175.94	45.53	45.28
湖 南	276 796.73	43.13	41.21
广 东	739 824.99	39.70	35.33
广 西	137 231.70	43.90	45.51
海 南	45 547.81	57.05	31.28
重 庆	112 588.65	42.56	42.51
四 川	227 821.60	42.16	43.15
贵 州	80 655.12	57.73	30.78
云 南	105 119.73	57.07	32.41
西 藏	13 185.46	67.89	21.29
陕 西	210 366.17	42.60	46.47
甘 肃	109 933.86	47.97	42.17
青 海	26 214.31	57.52	25.47
宁 夏	44 460.82	36.68	53.14
新 疆	188 454.57	50.99	42.41

8-6 全国三星级饭店每间客房的收益

地 区	饭店数（家）	饭店规模		客房出租率（%）	每间客房年收入（万元）
		客房数（间）	床位数（张）		
总 计	**5 473**	**610 598**	**1 110 285**	**60.82**	**10.78**
北 京	202	35 927	65 285	60.48	15.40
天 津	46	5 861	10 014	51.47	13.26
河 北	187	21 326	40 274	54.99	10.67
山 西	130	13 479	24 831	63.15	13.99
内蒙古	76	9 816	17 726	53.50	10.61
辽 宁	212	23 850	43 470	55.59	9.90
吉 林	84	7 514	22 013	51.07	9.41
黑龙江	121	11 257	21 755	50.15	6.63
上 海	111	16 851	28 410	49.21	14.72
江 苏	321	29 573	52 853	60.63	13.88
浙 江	346	40 676	71 216	61.42	14.91
安 徽	162	16 760	31 498	58.68	9.84
福 建	184	19 640	34 238	62.44	10.52
江 西	187	19 384	35 373	61.37	6.69
山 东	484	51 017	93 399	67.08	12.19
河 南	173	20 358	37 990	63.85	9.79
湖 北	181	17 205	30 639	60.82	8.50
湖 南	212	26 551	48 274	73.94	10.43
广 东	567	61 048	102 407	58.09	12.12
广 西	169	19 134	34 213	63.66	7.17
海 南	74	8 519	15 916	63.01	5.35
重 庆	118	12 148	21 769	58.12	9.27
四 川	176	20 247	35 874	65.10	11.25
贵 州	127	11 436	20 473	66.72	7.05
云 南	162	17 526	32 773	58.55	6.00
西 藏	31	3 113	5 785	49.35	4.24
陕 西	173	21 052	39 792	64.45	9.99
甘 肃	136	14 470	27 059	59.23	7.60
青 海	45	5 600	10 632	54.44	4.68
宁 夏	44	4 305	7 768	55.45	10.33
新 疆	232	24 955	46 566	64.36	7.55

8-7 全国三星级饭店的人均效益

地　区	全员劳动生产率（万元/人）	人均实现利润（万元/人）	人均占用固定资产原价（万元/人）	年末从业人员（人）
总　计	**11.55**	**–0.11**	**20.65**	**569 844**
北　京	16.25	–0.10	33.24	34 036
天　津	12.86	–0.48	16.81	6 043
河　北	9.48	–0.40	16.32	23 985
山　西	8.92	–0.39	17.87	21 136
内蒙古	10.77	–0.44	17.30	9 670
辽　宁	11.54	–0.83	29.14	20 448
吉　林	9.46	–0.34	21.80	7 476
黑龙江	9.08	0.22	22.59	8 224
上　海	16.05	–1.55	50.04	15 455
江　苏	12.79	–0.15	15.57	32 083
浙　江	19.88	–0.40	25.04	30 513
安　徽	11.06	0.29	17.89	14 910
福　建	10.39	0.14	13.60	19 888
江　西	9.14	0.35	15.87	14 179
山　东	12.18	0.16	20.85	51 058
河　南	8.57	–0.47	14.81	23 254
湖　北	9.24	–0.19	17.24	15 816
湖　南	10.14	0.21	16.24	27 303
广　东	12.02	0.19	17.54	61 525
广　西	9.51	–0.06	16.27	14 436
海　南	8.71	0.07	21.68	5 227
重　庆	9.79	0.01	13.39	11 499
四　川	11.92	–0.07	22.54	19 118
贵　州	8.78	0.26	19.42	9 187
云　南	8.04	0.05	23.05	13 077
西　藏	7.93	0.00	46.45	1 663
陕　西	9.25	–0.19	16.04	22 746
甘　肃	9.01	0.09	19.22	12 205
青　海	8.92	0.22	30.19	2 940
宁　夏	9.85	–0.22	21.62	4 516
新　疆	11.61	0.30	23.13	16 228

九、全国二星级饭店综合资料

9-1 全国二星级饭店

饭店注册登记类型	饭店数（家）	房间数（张）	床位数（张）
合　计	**3 276**	**214 368**	**402 683**
国有企业	1 078	76 063	145 871
集体企业	185	11 914	22 968
股份合作企业	73	5 617	10 936
国有联营	3	214	381
集体联营	8	557	1 222
国有与集体联营	5	440	771
其他联营	1	22	44
国有独资公司	68	3 832	6 805
其他有限责任公司	247	19 215	35 400
股份有限公司	129	9 090	16 843
私营独资	695	36 528	67 797
私营合伙	147	8 787	16 075
私营有限责任公司	389	25 508	46 603
私营股份有限公司	56	3 846	7 414
其他	166	11 140	20 660
与港澳台商合资经营	8	503	907
与港澳台商合作经营	3	115	225
港澳台商独资	3	80	148
港澳台商投资股份有限公司	—	—	—
中外合资经营	4	300	552
中外合作经营	—	—	—
外资企业	7	539	945
外商投资股份有限公司	1	58	116

综合情况

客房出租率（%）	营业收入（万元）	营业税金及附加（万元）	固定资产原价（万元）
57.77	**1 339 371.19**	**79 513.00**	**2 129 877.30**
56.29	507 956.91	28 666.85	958 488.24
56.22	78 551.65	4 094.35	123 784.32
59.44	29 325.42	1 972.42	68 833.02
40.83	767.30	50.70	1 502.24
56.02	1 285.67	67.45	3 269.36
59.41	3 458.40	195.90	3 570.30
36.36	26.80	0.00	486.00
61.79	40 812.12	1 900.77	32 481.18
60.36	131 152.18	7 222.75	133 064.76
57.28	54 703.18	6 115.55	69 594.60
58.24	189 516.66	12 109.44	352 640.33
61.46	55 705.63	2 825.98	59 854.62
60.49	154 961.92	8 398.09	182 620.41
55.40	18 503.45	1 428.95	25 886.14
59.46	63 615.82	4 009.92	88 659.52
49.49	2 759.47	118.13	10 844.82
74.91	1 195.88	69.56	2 014.07
61.52	286.40	14.30	106.60
—	—	—	—
53.68	2 516.20	125.00	7 090.30
—	—	—	—
63.84	1 991.03	109.00	3 263.10
56.00	279.10	17.90	1 823.40

9-2 全国二星级饭店

地区	总计	国有企业	集体企业	股份合作企业	国有联营	集体联营	国有与集体联营	其他联营	国有独资公司	其他有限责任公司	股份有限公司	私营独资
总计	**3 276**	**1 078**	**185**	**73**	**3**	**8**	**5**	**1**	**68**	**247**	**129**	**695**
北京	168	50	13	11	0	0	1	0	3	43	2	5
天津	13	6	1	0	0	0	0	0	0	4	1	0
河北	82	44	8	0	0	0	0	0	0	6	2	9
山西	99	49	3	7	0	0	0	0	0	4	7	17
内蒙古	117	29	6	1	0	0	0	0	0	16	4	30
辽宁	108	42	10	1	0	0	0	0	0	10	5	17
吉林	66	27	4	2	0	0	0	0	0	4	1	13
黑龙江	68	32	1	1	0	0	0	0	0	3	4	17
上海	58	21	5	0	0	0	0	0	5	15	5	0
江苏	155	24	13	0	0	0	0	0	56	2	12	45
浙江	258	37	13	8	0	1	0	0	1	12	13	38
安徽	123	39	7	1	0	0	0	0	0	9	8	26
福建	58	27	5	2	0	0	0	0	1	2	0	6
江西	68	36	0	2	0	0	0	0	0	4	4	3
山东	203	63	13	9	0	0	1	0	0	14	16	39
河南	106	48	15	5	0	1	0	0	0	4	7	11
湖北	144	54	8	3	0	0	0	0	0	10	2	21
湖南	170	34	3	2	0	0	0	0	0	4	4	76
广东	126	29	9	1	1	0	0	0	2	25	4	17
广西	90	30	7	1	1	0	0	0	0	6	2	21
海南	13	2	1	0	0	1	0	0	0	3	1	1
重庆	48	8	5	1	0	0	0	0	0	3	3	15
四川	139	80	1	6	0	0	0	0	0	13	2	20
贵州	111	42	1	1	1	0	0	0	0	3	2	41
云南	306	73	16	3	0	5	0	1	0	8	10	127
西藏	38	7	7	0	0	0	0	0	0	3	0	7
陕西	82	49	3	2	0	0	0	0	0	7	2	4
甘肃	105	48	6	2	0	0	3	0	0	1	4	27
青海	36	9	0	1	0	0	0	0	0	4	1	14
宁夏	5	0	0	0	0	0	0	0	0	1	0	2
新疆	113	39	1	0	0	0	0	0	0	6	1	26

的注册登记类型

单位：家

私营合伙	私营有限责任公司	私营股份有限公司	其他	与港澳台商合资经营	与港澳台商合作经营	港澳台商独资	港澳台商投资股份有限公司	中外合资经营	中外合作经营	外资企业	外商投资股份有限公司
147	**389**	**56**	**166**	**8**	**3**	**3**	**0**	**4**	**0**	**7**	**1**
3	35	2	0	0	0	0	0	0	0	0	0
0	0	0	1	0	0	0	0	0	0	0	0
0	8	0	5	0	0	0	0	0	0	0	0
3	6	1	2	0	0	0	0	0	0	0	0
2	17	3	9	0	0	0	0	0	0	0	0
2	13	1	5	0	0	0	0	0	0	1	1
0	10	1	4	0	0	0	0	0	0	0	0
1	7	1	1	0	0	0	0	0	0	0	0
0	0	0	6	1	0	0	0	0	0	0	0
0	0	0	3	0	0	0	0	0	0	0	0
60	58	9	8	0	0	0	0	0	0	0	0
5	16	3	8	0	0	0	0	0	0	1	0
4	5	3	1	1	0	0	0	1	0	0	0
3	6	6	4	0	0	0	0	0	0	0	0
4	29	2	13	0	0	0	0	0	0	0	0
0	12	0	3	0	0	0	0	0	0	0	0
11	17	2	13	1	0	0	0	2	0	0	0
13	23	2	6	2	0	1	0	0	0	0	0
3	10	2	18	1	2	2	0	0	0	0	0
6	10	1	5	0	0	0	0	0	0	0	0
0	0	0	2	0	1	0	0	0	0	1	0
2	6	3	2	0	0	0	0	0	0	0	0
1	15	1	0	0	0	0	0	0	0	0	0
5	12	2	1	0	0	0	0	0	0	0	0
6	26	4	22	1	0	0	0	1	0	3	0
8	3	0	2	0	0	0	0	0	0	1	0
2	6	3	4	0	0	0	0	0	0	0	0
0	10	2	2	0	0	0	0	0	0	0	0
0	5	0	2	0	0	0	0	0	0	0	0
0	2	0	0	0	0	0	0	0	0	0	0
3	22	2	12	1	0	0	0	0	0	0	0

9–3 全国二星级饭店的地区分布

地　区	饭店数（家）	房间数（间）	床位数（张）	客房出租率（%）	营业收入（万元）	营业税金及附加（万元）	固定资产原价（万元）
总　计	**3 276**	**214 368**	**402 683**	**57.77**	**1 339 371.19**	**79 513.00**	**2 129 877.30**
北　京	168	13 457	26 417	54.65	105 119.20	5 435.60	115 934.20
天　津	13	1 004	2 100	58.66	6 302.47	395.39	16 686.46
河　北	82	6 002	12 100	45.94	46 014.79	2 561.44	66 288.04
山　西	99	6 794	13 119	61.38	62 770.86	4 508.31	69 819.35
内蒙古	117	7 050	13 829	54.09	39 884.05	2 122.48	74 653.04
辽　宁	108	8 084	14 576	57.32	50 491.70	2 731.69	75 910.48
吉　林	66	3 506	7 104	45.67	19 296.91	871.45	54 525.71
黑龙江	68	3 718	7 586	47.62	12 612.86	703.45	29 210.01
上　海	58	4 503	7 980	55.50	42 307.07	2 271.26	95 333.65
江　苏	155	8 795	15 812	62.59	78 152.27	3 642.60	73 951.36
浙　江	258	18 527	33 205	59.52	135 516.58	6 865.14	121 952.14
安　徽	123	7 404	14 393	56.45	49 672.48	2 698.16	82 078.73
福　建	58	4 097	7 371	56.13	26 777.30	1 955.51	34 965.48
江　西	68	4 585	8 827	46.20	16 507.75	838.95	37 996.27
山　东	203	11 817	22 793	66.31	88 442.98	4 830.26	156 007.56
河　南	106	8 372	16 662	57.54	48 137.57	2 667.41	66 673.41
湖　北	144	8 785	15 848	56.22	48 719.01	2 761.34	76 608.97
湖　南	170	10 598	18 680	73.98	63 643.13	3 071.89	88 153.52
广　东	126	8 253	14 494	56.70	52 939.80	6 346.26	78 253.23
广　西	90	7 361	13 171	62.49	39 568.96	2 108.90	64 131.27
海　南	13	991	1 891	47.89	3 059.19	173.83	6 672.83
重　庆	48	2 979	5 267	42.36	13 982.38	934.96	33 395.97
四　川	139	10 097	18 219	64.41	78 707.86	3 993.36	114 774.43
贵　州	111	4 856	9 008	58.10	21 162.04	1 341.31	42 120.96
云　南	306	18 360	34 736	55.98	65 487.68	6 951.59	222 404.80
西　藏	38	1 928	3 949	53.75	5 837.49	303.30	30 843.28
陕　西	82	6 088	11 826	60.94	45 487.95	2 031.02	53 240.00
甘　肃	105	5 966	11 753	50.20	32 695.94	1 735.50	59 984.43
青　海	36	2 103	4 144	51.94	5 381.45	253.06	16 442.92
宁　夏	5	504	940	66.84	4 078.90	223.58	4 497.70
新　疆	113	7 784	14 883	57.28	30 612.56	2 184.00	66 367.10

9-4 全国二星级饭店的营业收入总额

地 区	营业收入		
		#客房	#餐饮
总 计	**1 339 371.19**	**609 475.87**	**628 691.33**
北 京	105 119.20	54 825.00	35 610.50
天 津	6 302.47	3 130.97	2 130.40
河 北	46 014.79	13 854.94	26 756.42
山 西	62 770.86	25 822.69	33 457.74
内蒙古	39 884.05	18 959.30	19 921.51
辽 宁	50 491.70	26 940.27	17 727.87
吉 林	19 296.91	8 566.66	9 394.67
黑龙江	12 612.86	7 546.33	4 742.03
上 海	42 307.07	19 751.70	16 386.51
江 苏	78 152.27	28 380.71	39 962.75
浙 江	135 516.58	55 936.17	90 164.57
安 徽	49 672.48	18 680.78	27 349.17
福 建	26 777.30	11 041.96	13 451.42
江 西	16 507.75	10 449.65	4 989.99
山 东	88 442.98	36 009.92	48 093.43
河 南	48 137.57	19 775.96	25 051.08
湖 北	48 719.01	23 240.00	21 914.84
湖 南	63 643.13	34 451.86	25 366.74
广 东	52 939.80	23 948.56	23 037.52
广 西	39 568.96	18 010.33	14 373.67
海 南	3 059.19	1 807.96	1 068.23
重 庆	13 982.38	5 677.11	5 584.54
四 川	78 707.86	34 374.60	40 214.20
贵 州	21 162.04	12 260.52	7 740.30
云 南	65 487.68	36 052.53	20 383.19
西 藏	5 837.49	3 646.74	1 023.63
陕 西	45 487.95	18 613.42	23 750.27
甘 肃	32 695.94	12 525.03	17 555.31
青 海	5 381.45	4 432.71	632.26
宁 夏	4 078.90	1 558.20	2 257.10
新 疆	30 612.56	19 203.28	8 599.48

9-5 全国二星级饭店的营业收入构成

地　区	营业收入（万元）	#客房（%）	#餐饮（%）
总　计	**1 339 371.19**	**45.50**	**46.94**
北　京	105 119.20	52.16	33.88
天　津	6 302.47	49.68	33.80
河　北	46 014.79	30.11	58.15
山　西	62 770.86	41.14	53.30
内蒙古	39 884.05	47.54	49.95
辽　宁	50 491.70	53.36	35.11
吉　林	19 296.91	44.39	48.68
黑龙江	12 612.86	59.83	37.60
上　海	42 307.07	46.69	38.73
江　苏	78 152.27	36.31	51.13
浙　江	135 516.58	41.28	66.53
安　徽	49 672.48	37.61	55.06
福　建	26 777.30	41.24	50.23
江　西	16 507.75	63.30	30.23
山　东	88 442.98	40.72	54.38
河　南	48 137.57	41.08	52.04
湖　北	48 719.01	47.70	44.98
湖　南	63 643.13	54.13	39.86
广　东	52 939.80	45.24	43.52
广　西	39 568.96	45.52	36.33
海　南	3 059.19	59.10	34.92
重　庆	13 982.38	40.60	39.94
四　川	78 707.86	43.67	51.09
贵　州	21 162.04	57.94	36.58
云　南	65 487.68	55.05	31.13
西　藏	5 837.49	62.47	17.54
陕　西	45 487.95	40.92	52.21
甘　肃	32 695.94	38.31	53.69
青　海	5 381.45	82.37	11.75
宁　夏	4 078.90	38.20	55.34
新　疆	30 612.56	62.73	28.09

9-6 全国二星级饭店每间客房的收益

地区	饭店数（家）	饭店规模		客房出租率（%）	每间客房年收入（万元）
		客房数（间）	床位数（张）		
总计	**3 276**	**214 368**	**402 683**	**57.77**	**6.25**
北京	168	13 457	26 417	54.65	7.81
天津	13	1 004	2 100	58.66	6.28
河北	82	6 002	12 100	45.94	7.67
山西	99	6 794	13 119	61.38	9.24
内蒙古	117	7 050	13 829	54.09	5.66
辽宁	108	8 084	14 576	57.32	6.25
吉林	66	3 506	7 104	45.67	5.50
黑龙江	68	3 718	7 586	47.62	3.39
上海	58	4 503	7 980	55.50	9.40
江苏	155	8 795	15 812	62.59	8.89
浙江	258	18 527	33 205	59.52	7.31
安徽	123	7 404	14 393	56.45	6.71
福建	58	4 097	7 371	56.13	6.54
江西	68	4 585	8 827	46.20	3.60
山东	203	11 817	22 793	66.31	7.48
河南	106	8 372	16 662	57.54	5.75
湖北	144	8 785	15 848	56.22	5.55
湖南	170	10 598	18 680	73.98	6.01
广东	126	8 253	14 494	56.70	6.41
广西	90	7 361	13 171	62.49	5.38
海南	13	991	1 891	47.89	3.09
重庆	48	2 979	5 267	42.36	4.69
四川	139	10 097	18 219	64.41	7.80
贵州	111	4 856	9 008	58.10	4.36
云南	306	18 360	34 736	55.98	3.57
西藏	38	1 928	3 949	53.75	3.03
陕西	82	6 088	11 826	60.94	7.47
甘肃	105	5 966	11 753	50.20	5.48
青海	36	2 103	4 144	51.94	2.56
宁夏	5	504	940	66.84	8.09
新疆	113	7 784	14 883	57.28	3.93

9-7　全国二星级饭店的人均效益

地　区	全员劳动生产率（万元/人）	人均实现利润（万元/人）	人均占用固定资产原价（万元/人）	年末从业人员（人）
总　计	**8.98**	**0.04**	**14.28**	**149 101**
北　京	13.56	−0.29	14.96	7 751
天　津	9.45	−0.14	25.02	667
河　北	8.70	−0.29	12.54	5 287
山　西	7.02	0.00	7.80	8 947
内蒙古	6.98	0.04	13.07	5 712
辽　宁	10.72	0.08	16.11	4 711
吉　林	4.78	−0.10	13.52	4 034
黑龙江	5.66	0.52	13.10	2 230
上　海	15.23	−2.15	34.33	2 777
江　苏	12.37	0.02	11.70	6 320
浙　江	10.88	0.17	9.79	12 455
安　徽	8.47	0.17	14.00	5 862
福　建	9.22	−0.13	12.04	2 905
江　西	7.46	0.34	17.16	2 214
山　东	10.08	0.20	17.78	8 774
河　南	6.64	−0.04	9.20	7 251
湖　北	8.64	0.10	13.58	5 641
湖　南	8.14	0.53	11.27	7 822
广　东	10.33	0.23	15.27	5 123
广　西	8.56	−0.02	13.88	4 620
海　南	7.99	−0.46	17.42	383
重　庆	8.25	−0.35	19.71	1 694
四　川	8.74	0.13	12.74	9 009
贵　州	6.87	0.53	13.68	3 079
云　南	7.05	−0.09	23.94	9 292
西　藏	7.83	1.01	41.34	746
陕　西	8.77	−0.26	10.26	5 187
甘　肃	7.71	0.07	14.15	4 239
青　海	5.98	−0.01	18.27	900
宁　夏	10.79	−0.25	11.90	378
新　疆	9.90	0.67	21.47	3 091

十、全国一星级饭店综合资料

10-1 全国一星级饭店

饭店注册登记类型	饭店数（家）	房间数（张）	床位数（张）
合　计	**164**	**7 717**	**14 803**
国有企业	47	2 577	4 909
集体企业	9	430	877
股份合作企业	1	16	42
国有联营	—	—	—
集体联营	—	—	—
国有与集体联营	—	—	—
其他联营	1	16	32
国有独资公司	2	142	293
其他有限责任公司	11	509	1 025
股份有限公司	9	505	966
私营独资	51	1 912	3 531
私营合伙	7	312	577
私营有限责任公司	18	923	1 792
私营股份有限公司	1	37	74
其他	7	338	685
与港澳台商合资经营	—	—	—
与港澳台商合作经营	—	—	—
港澳台商独资	—	—	—
港澳台商投资股份有限公司	—	—	—
中外合资经营	—	—	—
中外合作经营	—	—	—
外资企业	—	—	—
外商投资股份有限公司	—	—	—

综合情况

客　房 出租率 （%）	营业收入 （万元）	营业税金 及 附 加 （万元）	固定资产 原　　价 （万元）
52.13	**30 307.01**	**2 116.56**	**58 363.70**
48.21	9 430.09	532.57	20 330.83
40.32	1 733.04	97.40	3 304.74
34.66	43.20	3.46	49.32
—	—	—	—
—	—	—	—
—	—	—	—
5.14	12.40	1.00	570.00
35.69	633.12	34.91	314.80
60.39	1 753.99	97.45	2 931.77
60.88	3 725.97	195.22	2 301.94
58.42	6 902.03	790.47	15 429.13
66.76	1 084.04	40.24	1 818.84
58.00	4 017.00	239.58	9 201.68
76.00	176.20	2.30	4.50
42.03	795.93	81.96	2 106.16
—	—	—	—
—	—	—	—
—	—	—	—
—	—	—	—
—	—	—	—
—	—	—	—
—	—	—	—
—	—	—	—

10-2　全国一星级饭店

地　区	总计	国有企业	集体企业	股份合作企业	国有联营	集体联营	国有与集体联营	其他联营	国有独资公司	其他有限责任公司	股份有限公司	私营独资
总　计	**164**	**47**	**9**	**1**	**0**	**0**	**0**	**1**	**2**	**11**	**9**	**51**
北　京	16	2	1	0	0	0	0	0	1	4	2	3
天　津	1	1	0	0	0	0	0	0	0	0	0	0
河　北	3	2	0	0	0	0	0	0	0	0	0	1
山　西	0	0	0	0	0	0	0	0	0	0	0	0
内蒙古	8	0	0	0	0	0	0	0	0	2	0	3
辽　宁	4	1	0	0	0	0	0	0	0	1	0	1
吉　林	1	0	0	0	0	0	0	1	0	0	0	0
黑龙江	5	2	0	0	0	0	0	0	0	0	0	2
上　海	2	1	0	0	0	0	0	0	0	1	0	0
江　苏	0	0	0	0	0	0	0	0	0	0	0	0
浙　江	17	0	0	1	0	0	0	0	1	1	2	2
安　徽	2	1	0	0	0	0	0	0	0	0	0	1
福　建	1	1	0	0	0	0	0	0	0	0	0	0
江　西	1	0	0	0	0	0	0	0	0	0	0	0
山　东	1	1	0	0	0	0	0	0	0	0	0	0
河　南	4	0	0	0	0	0	0	0	0	0	1	3
湖　北	6	4	0	0	0	0	0	0	0	0	0	2
湖　南	10	2	0	0	0	0	0	0	0	0	0	5
广　东	4	1	0	0	0	0	0	0	0	1	0	1
广　西	0	0	0	0	0	0	0	0	0	0	0	0
海　南	4	2	0	0	0	0	0	0	0	1	0	1
重　庆	1	1	0	0	0	0	0	0	0	0	0	0
四　川	7	6	0	0	0	0	0	0	0	0	0	1
贵　州	11	6	0	0	0	0	0	0	0	0	0	4
云　南	25	3	3	0	0	0	0	0	0	1	1	12
西　藏	6	0	5	0	0	0	0	0	0	0	0	1
陕　西	0	0	0	0	0	0	0	0	0	0	0	0
甘　肃	11	5	0	0	0	0	0	0	0	0	2	3
青　海	2	1	0	0	0	0	0	0	0	0	0	0
宁　夏	0	0	0	0	0	0	0	0	0	0	0	0
新　疆	11	4	0	0	0	0	0	0	0	1	1	5

的注册登记类型

私营合伙	私营有限责任公司	私营股份有限公司	其他	与港澳台商合资经营	与港澳台商合作经营	港澳台商独资	港澳台商投资股份有限公司	中外合资经营	中外合作经营	外资企业	外商投资股份有限公司
7	**18**	**1**	**7**	**0**	**0**	**0**	**0**	**0**	**0**	**0**	**0**
0	3	0	0	0	0	0	0	0	0	0	0
0	0	0	0	0	0	0	0	0	0	0	0
0	0	0	0	0	0	0	0	0	0	0	0
0	0	0	0	0	0	0	0	0	0	0	0
0	2	0	1	0	0	0	0	0	0	0	0
0	1	0	0	0	0	0	0	0	0	0	0
0	0	0	0	0	0	0	0	0	0	0	0
0	1	0	0	0	0	0	0	0	0	0	0
0	0	0	0	0	0	0	0	0	0	0	0
0	0	0	0	0	0	0	0	0	0	0	0
4	6	0	0	0	0	0	0	0	0	0	0
0	0	0	0	0	0	0	0	0	0	0	0
0	0	0	0	0	0	0	0	0	0	0	0
1	0	0	0	0	0	0	0	0	0	0	0
0	0	0	0	0	0	0	0	0	0	0	0
0	0	0	0	0	0	0	0	0	0	0	0
0	0	0	0	0	0	0	0	0	0	0	0
1	2	0	0	0	0	0	0	0	0	0	0
0	1	0	0	0	0	0	0	0	0	0	0
0	0	0	0	0	0	0	0	0	0	0	0
0	0	0	0	0	0	0	0	0	0	0	0
0	0	0	0	0	0	0	0	0	0	0	0
0	0	0	0	0	0	0	0	0	0	0	0
0	1	0	0	0	0	0	0	0	0	0	0
0	1	1	3	0	0	0	0	0	0	0	0
0	0	0	0	0	0	0	0	0	0	0	0
0	0	0	0	0	0	0	0	0	0	0	0
1	0	0	0	0	0	0	0	0	0	0	0
0	0	0	1	0	0	0	0	0	0	0	0
0	0	0	0	0	0	0	0	0	0	0	0
0	0	0	0	0	0	0	0	0	0	0	0

10-3 全国一星级饭店的地区分布

地 区	饭店数（家）	房间数（间）	床位数（张）	客房出租率（%）	营业收入（万元）	营业税金及附加（万元）	固定资产原价（万元）
总 计	**164**	**7 717**	**14 803**	**52.13**	**30 307.01**	**2 116.56**	**58 363.70**
北 京	16	859	1 671	41.54	4 358.60	243.00	1 319.40
天 津	1	161	444	39.00	1 427.10	60.90	1 069.30
河 北	3	219	454	42.60	1 135.16	102.27	797.60
山 西	—	—	—	—	—	—	—
内蒙古	8	296	603	38.06	459.06	22.82	2 136.87
辽 宁	4	184	303	72.09	1 655.70	128.50	4 781.00
吉 林	1	16	32	5.14	12.40	1.00	570.00
黑龙江	5	200	379	66.92	920.50	22.00	1 760.70
上 海	2	148	273	55.52	708.61	41.01	899.02
江 苏	—	—	—	—	—	—	—
浙 江	17	896	1 768	60.07	4 005.26	186.95	8 333.99
安 徽	2	96	170	88.03	845.59	4.04	2 702.38
福 建	1	28	54	84.05	469.90	26.00	271.50
江 西	1	28	44	68.00	99.00	3.00	300.00
山 东	1	50	90	60.00	42.00	1.78	36.00
河 南	4	92	190	73.14	133.90	0.00	156.90
湖 北	6	339	635	51.91	907.67	545.22	1 335.22
湖 南	10	402	724	80.65	1 734.20	58.37	3 954.40
广 东	4	287	483	39.84	791.91	33.02	1 940.60
广 西	—	—	—	—	—	—	—
海 南	4	253	476	64.96	497.62	20.60	2 205.00
重 庆	1	72	135	34.80	248.36	13.97	431.38
四 川	7	468	744	55.53	1 542.08	96.97	1 780.97
贵 州	11	319	582	51.18	682.81	46.50	2 212.82
云 南	25	813	1 573	52.33	2 695.07	226.95	8 304.51
西 藏	6	320	699	42.46	1 180.54	27.40	2 303.33
陕 西	—	—	—	—	—	—	—
甘 肃	11	589	1 125	49.40	1 540.45	74.20	5 086.69
青 海	2	130	267	24.11	368.63	16.77	690.07
宁 夏	—	—	—	—	—	—	—
新 疆	11	452	885	41.42	1 844.90	113.33	2 984.05

10-4 全国一星级饭店的营业收入总额

地 区	营业收入		
		#客房	#餐饮
总 计	**30 307.01**	**16 009.56**	**12 226.86**
北 京	4 358.60	2 624.90	1 382.70
天 津	1 427.10	232.10	1 169.80
河 北	1 135.16	392.96	731.80
山 西	—	—	—
内蒙古	459.06	358.16	100.23
辽 宁	1 655.70	677.60	691.10
吉 林	12.40	2.40	10.00
黑龙江	920.50	702.00	218.50
上 海	708.61	342.22	354.35
江 苏	—	—	—
浙 江	4 005.26	1 912.37	2 609.39
安 徽	845.59	602.96	234.00
福 建	469.90	95.10	374.80
江 西	99.00	73.00	26.00
山 东	42.00	27.00	15.00
河 南	133.90	118.70	15.20
湖 北	907.67	718.01	131.30
湖 南	1 734.20	1 164.10	446.74
广 东	791.91	420.51	371.40
广 西	—	—	—
海 南	497.62	404.62	80.00
重 庆	248.36	102.85	127.80
四 川	1 542.08	992.60	462.30
贵 州	682.81	486.83	192.97
云 南	2 695.07	1 041.17	1 047.70
西 藏	1 180.54	304.48	102.06
陕 西	—	—	—
甘 肃	1 540.45	1 188.18	348.51
青 海	368.63	132.24	56.00
宁 夏	—	—	—
新 疆	1 844.90	892.50	927.20

10-5 全国一星级饭店的营业收入构成

地　区	营业收入（万元）	#客房（%）	#餐饮（%）
总　计	**30 307.01**	**52.82**	**40.34**
北　京	4 358.60	60.22	31.72
天　津	1 427.10	16.26	81.97
河　北	1 135.16	34.62	64.47
山　西	—	—	—
内蒙古	459.06	78.02	21.83
辽　宁	1 655.70	40.93	41.74
吉　林	12.40	19.35	80.65
黑龙江	920.50	76.26	23.74
上　海	708.61	48.29	50.01
江　苏	—	—	—
浙　江	4 005.26	47.75	65.15
安　徽	845.59	71.31	27.67
福　建	469.90	20.24	79.76
江　西	99.00	73.74	26.26
山　东	42.00	64.29	35.71
河　南	133.90	88.65	11.35
湖　北	907.67	79.10	14.47
湖　南	1 734.20	67.13	25.76
广　东	791.91	53.10	46.90
广　西	—	—	—
海　南	497.62	81.31	16.08
重　庆	248.36	41.41	51.46
四　川	1 542.08	64.37	29.98
贵　州	682.81	71.30	28.26
云　南	2 695.07	38.63	38.87
西　藏	1 180.54	25.79	8.65
陕　西	—	—	—
甘　肃	1 540.45	77.13	22.62
青　海	368.63	35.87	15.19
宁　夏	—	—	—
新　疆	1 844.90	48.38	50.26

10-6 全国一星级饭店每间客房的收益

地　区	饭店数（家）	饭店规模		客房出租率（%）	每间客房年收入（万元）
		客房数（间）	床位数（张）		
总　计	**164**	**7 717**	**14 803**	**52.13**	**3.93**
北　京	16	859	1 671	41.54	5.07
天　津	1	161	444	39.00	8.86
河　北	3	219	454	42.60	5.18
山　西	—	—	—	—	—
内蒙古	8	296	603	38.06	1.55
辽　宁	4	184	303	72.09	9.00
吉　林	1	16	32	5.14	0.78
黑龙江	5	200	379	66.92	4.60
上　海	2	148	273	55.52	4.79
江　苏	—	—	—	—	—
浙　江	17	896	1 768	60.07	4.47
安　徽	2	96	170	88.03	8.81
福　建	1	28	54	84.05	16.78
江　西	1	28	44	68.00	3.54
山　东	1	50	90	60.00	0.84
河　南	4	92	190	73.14	1.46
湖　北	6	339	635	51.91	2.68
湖　南	10	402	724	80.65	4.31
广　东	4	287	483	39.84	2.76
广　西	—	—	—	—	—
海　南	4	253	476	64.96	1.97
重　庆	1	72	135	34.80	3.45
四　川	7	468	744	55.53	3.30
贵　州	11	319	582	51.18	2.14
云　南	25	813	1 573	52.33	3.31
西　藏	6	320	699	42.46	3.69
陕　西	—	—	—	—	—
甘　肃	11	589	1 125	49.40	2.62
青　海	2	130	267	24.11	2.84
宁　夏	—	—	—	—	—
新　疆	11	452	885	41.42	4.08

10-7 全国一星级饭店的人均效益

地 区	全员劳动生产率（万元/人）	人均实现利润（万元/人）	人均占用固定资产原价（万元/人）	年末从业人员（人）
总 计	**5.89**	**0.21**	**11.35**	**5 143**
北 京	12.78	0.13	3.87	341
天 津	7.32	0.09	5.48	195
河 北	6.88	0.41	4.83	165
山 西	—	—	—	—
内蒙古	3.19	−0.13	14.84	144
辽 宁	10.22	0.25	29.51	162
吉 林	0.10	0.03	4.75	120
黑龙江	2.62	0.12	5.02	351
上 海	9.32	−0.35	11.83	76
江 苏	—	—	—	—
浙 江	11.25	0.66	23.41	356
安 徽	12.08	0.80	38.61	70
福 建	10.68	0.00	6.17	44
江 西	4.95	1.80	15.00	20
山 东	1.31	0.15	1.13	32
河 南	4.32	0.11	5.06	31
湖 北	5.34	0.08	7.85	170
湖 南	1.98	0.26	4.52	875
广 东	6.28	0.17	15.40	126
广 西	—	—	—	—
海 南	3.69	0.41	16.33	135
重 庆	4.87	−3.91	8.46	51
四 川	7.52	0.45	8.69	205
贵 州	7.67	1.46	24.86	89
云 南	9.69	0.11	29.87	278
西 藏	1.96	0.15	3.83	601
陕 西	—	—	—	—
甘 肃	6.19	0.14	20.43	249
青 海	8.01	0.22	15.00	46
宁 夏	—	—	—	—
新 疆	8.74	0.29	14.14	211

责任编辑：王　军
责任印制：冯冬青

图书在版编目（CIP）数据

中国旅游统计年鉴：副本. 2012 / 中华人民共和国国家旅游局编. -- 北京：中国旅游出版社，2012.12
ISBN 978-7-5032-4611-1

Ⅰ. ①中…　Ⅱ. ①中…　Ⅲ. ①旅游业 - 统计资料 - 中国 - 2012 - 年鉴　Ⅳ. ①F592-66

中国版本图书馆CIP数据核字（2012）第284806号

书　　名：中国旅游统计年鉴（副本）2012

作　　者：中华人民共和国国家旅游局
出版发行：中国旅游出版社
（北京建国门内大街甲9号　邮编：100005）
http://www.cttp.net.cn　E-mail:cttp@cnta.gov.cn
发行部电话：010-85166503
排　　版：北京中文天地文化艺术有限公司
印　　刷：北京工商事务印刷有限公司
版　　次：2012年12月第1版　2012年12月第1次印刷
开　　本：787毫米×1092毫米　1/16
印　　张：10.5
字　　数：220千
定　　价：120.00元
I S B N　978-7-5032-4611-1